社会に役立つ
プロジェクト型学習

多分野学生による福祉機器製作

Needs & Ideas Forum for Well-being

井上淳 東京電機大学・**小野栄一** 国立障害者リハビリテーションセンター 編著

東京電機大学出版局

▌まえがき

　本書は，著者らが取り組んできた，ニーズ＆アイデアフォーラム（以下，NIF）というプロジェクト型学習（PBL）による人材育成の取り組みが10年目を迎えることを機に，そのエッセンスを世の中に還元しようということで企画されました。著者らは本書を，教育に携わる教員や，教員を目指す学生，そして，将来医療・福祉分野のものづくりに関わろうとしている学生に読んでほしいと考えています。

　NIFは，医療・福祉系，工学系，デザイン系の3分野の学生の混成グループが，障害当事者のニーズを聞き取っておよそ5か月間をかけて福祉機器や自助具を試作するプロジェクトです。参加者は一連のプロセスのなかで，自分とまったく専門の異なる他者との協働の仕方を学ぶことができ，現在までに19の学校と2つの医療・福祉施設の協力を得て，360名以上の学生がNIFのプログラムを受けてきました。

　本書ではそのニーズとシーズの情報共有と，人材育成の手法の観点からNIFを紹介します。また，実際に製作した70以上の作品のなかから，最近5年間分の31作品の紹介を行うことで，福祉機器や自助具のアイデアを社会に還元できればと考えています。

　大学や専門学校を問わず，学校という組織では，他の分野の学生，他のバックグラウンドを持った人間とのコミュニケーションが少なくなりがちです。特に，他分野の学生と議論を交わしながら，ユーザーのニーズを理解し，工学的仕様を決定し，デザインまでを検討する経験はほぼないと言えます。これは，学生たちが社会に出てはじめて，知識の深さや分野が異なる人間と一緒に仕事を行うということを意味しており，その結果，仕事で協働する際に，相手の知識を引き出すことができない，あるいは，同じイメージを描くことが難しいなどの問題を抱えるケースが多くあります。

　その問題に対して本書では，どこに問題の根源があるのか，どうすれば解決するのかも含めて，NIFの取り組みのなかから得られた解決策について述べ

ています。この問題は，例えば分野が異なることによる言語の使い方の差や，相手の知識がどのように構成されてきたかを知らないことに起因する「なんで開発部はこんなことも知らないんだ！」「現場の言ってることは開発の役に立たない！」というような，典型的な無理解による齟齬や分野間対立などで，どのような分野でも起こり得ます。多分野協働が今後増加するであろう様々な仕事において，このような問題を解決できることは必須のスキルとなってくるでしょう。

　また，ニーズとシーズの情報共有は，医療・福祉系の製品開発でももちろん必須ですが，一般的な仕事においても必要なスキルです。自分ができることを相手に伝え，相手が欲していることを聞き出すことができる（あるいはその逆も）かどうかは，社会に出て本当に必要とされる製品を開発できる人材になるうえで重要な要素となります。

　これらの問題解決のために，本書は大学生などの「これから社会に出て働くひと」に読んでもらい，NIFに参加した学生たちへのインタビューのなかから浮かび上がってきた，また，この取り組みから得た気づきを追体験してもらいたいと考えています。

　一方，この本はロボット工学，リハビリテーション工学，アクセシブルデザイン学，インタラクティブアート学，リハビリテーション科学，特別ニーズ教育学の各分野の専門家から見たNIFの特徴と課題や，学生に対して行った講義の内容，遠隔地をつないで行うオンラインでの協働ものづくりにおいて注意すべき点などが考察されています。本書を手に取った大学の教員には，この取り組みをぜひいろいろな場所で実践，改善して，多くの学生にスキルをつけさせる指導者となってもらいたいと考えています。

　最後に，本書の出版にあたり支援をしてくださった公益財団法人カシオ科学振興財団，および出版の機会を与えてくださった東京電機大学出版局の吉田拓歩氏，坂元真理氏に慎んでお礼を申し上げます。

2025年1月

著者一同

目次

第1章
ニーズ主導によるプロジェクト型学習の目的と
そこから得られる成果 1

第2章
障害当事者と3分野の学生による「協働」が生み出す
福祉機器・自助具開発プロジェクト 15

第3章
学術的, 教育的観点から見たNIFの特長と課題　　31

第5章
参加学生の学び：
成果報告会におけるコメントを読み解く　　　　85

第6章
作品実例の紹介 115

ニーズ主導による
プロジェクト型学習の
目的とそこから
得られる成果

1.1　多分野協働の学び

1.1.1　高等教育機関で不足する多分野協働

　日本の高等教育機関は，高等専門学校，短期大学，大学，大学院などが存在します。これらの機関はそれぞれ特有の教育プログラムを提供し，学生が専門分野で深化した知識を身につけ社会で生かすことを目指しています。この専門性からくる特徴の一つとして，学生は同じ専門分野を専攻する仲間たちと共に学ぶことが一般的であり，逆に異なる分野の学生との交流は相対的に少ない傾向があります。

　一般的に，大学や専門学校は学部・学科といった縦割りの組織構造を有しており，これが異なる分野との交流が制約されがちな原因となっています。この構造的な特徴は，学生が専門分野以外の領域との交流が制約される一因となり，卒業までに他分野の学生との交流が限定的であるという現状が生まれています。プロジェクト型学習（PBL）教育の必要性が認識された今日においても，異なる分野の学生が協力してユーザーのニーズを理解し，工学的仕様を決定し，デザインまでを検討するような経験はまだまだ少ないと言えるで

しょう。

　この状況は，学生が卒業するまでに他分野の知識を持つ人間と交流する機会が不足していることを示唆しています。異なる専門分野の融合により，より幅広い視野を得ることができ，卒業生が社会での課題解決においてより柔軟で総合的なアプローチを取ることが期待されます。本書では，これらの構造的な課題に対する新たなアプローチの可能性に焦点を当て，多分野間での協力と交流の促進が，教育に与える影響について探求していきます。

1.1.2　社会に出た後に感じる経験不足

　高等教育において異なる分野との協働が不足すると，様々な問題が生じます。例えば，異なる分野出身者は，それぞれ独自の学問体系や専門用語を有しており，これが協働においてコミュニケーション上の誤解を招くことがあります。詳細や具体例は後述しますが，例えば，同じ単語でも異なる分野では異なる意味で使われ，これが深刻な認識のずれを引き起こすことがあります。そのため，異なる分野の人々とのコミュニケーションが不十分なまま協働が進むと，プロジェクトや課題の理解において混乱が生じ，円滑な進捗が難しくなります。

　逆に，この問題に対する理解が深まり，異なる分野の人々との協働が奨励される環境で教育が提供されると，卒業後の社会でのスムーズな協働が可能となります。例えば，学生のうちから異なる分野の人たちと議論を交わし，ものづくりを共に行う経験を積むことで，自分の知識が普遍的ではないことに気づくことができます。この自覚は，将来の職場での協働において対立や誤解を未然に防ぎ，より効果的なチームワークを築くうえでの礎となります。

　大学教育のなかで異なる分野との協働を促進することは，学生たちにとってだけでなく，社会全体においても多様性を尊重し，柔軟な問題解決能力を身につける助けとなります。本書では，多分野協働の重要性や実践的な方法に焦点を当て，これを推進するための具体的な提言や事例についても詳述していきます。

1.2 福祉機器開発に関する多分野協働

1.2.1 エンジニア側と臨床現場側で起きる分野間の問題

　前項で触れた分野間の対立は，医療・福祉機器開発の現場でも潜在的な問題であり，ニーズ側とシーズ側の認識のずれが機器開発における阻害要因となっています。この課題は明確な対立に至らなくても，双方の期待や理解の不足が協力関係を阻む一因となっています。

　この問題の本質には複数の原因が絡んでおり，単純に経験を積むだけで解決できるものではありません。相手の分野への無理解，相手への過度な期待，自分の知識や経験の不足などが複雑に組み合わさり，問題解決を難しくしています。相手の分野への無理解は，例えばエンジニアが福祉機器の開発に専念するあまり，現場の実情を理解せずに不要な機能を盛り込んでしまうことに起因して，機器の使用が難しくなったり，導入コストが上昇するケースなどがあたります。相手への過度な期待は，例えば臨床現場側がAIに過剰な期待をかけ，あらゆる機能を期待してしまうケースなどがあたります。自分の知識や経験の不足に関しては，例えば専門分野以外の知識が欠如しているため，実現可能なものであってもそれを理解できずに「不可能だ」と相手の意見を却下してしまうケースなどです。もちろん，ここで挙げた問題は立場が逆のケースでもよく起きる問題です。

　これらの問題に対処するには，相互理解を深め，相手の技術に対して適切な期待を持ち，知識や経験を補完し合う協働の枠組みが必要です。この取り組みが成功すれば，製品を開発する側と利用する側が異なる視点から同じ言葉を共有し，障害当事者にとってより良い製品が生まれる土壌を築くことができます。

　分野間の問題に対する単純な解決策として考えられるのは，医療・福祉分野と工学分野の両方にわたるエキスパートになることです。実際，医学と工学

の双方で博士号を取得し，両分野で活躍する研究者も存在します。ただし，これは非常に時間と労力を要するため，多くの人にとっては難しい選択肢となるでしょう。

そのため，学生時代から他の分野の専門家がどのような視点で物事を考えているかを理解し，他の分野の人々と効果的にコミュニケーションをとるスキルを磨くことが重要です。これによって，同じ分野の専門家とのコミュニケーションとは異なるやり取りに慣れ，分野間の問題が発生しにくくなります。分野横断的な理解とコミュニケーションのスキルは，将来の職業生活において他分野との協働が求められる場面でおおいに役立ちます。

また，分野を横断して協働する際には，異なる視点やアプローチが豊かなイノベーションを生む要因となります。これにより，より効果的なソリューションが生まれ，医療・福祉機器の開発においても新たな可能性が広がることでしょう。

1.2.2　多分野協働のものづくりプロジェクトの実現性

前記のように，多分野協働の経験は教育の新たな効果を生み出します。しかしながら，様々な専門，様々な学科，様々な組織の参加者が集まって，長期間一つのプロジェクトを行うのは，一般的には困難であると言えます。それは，全員が毎回，一つの場所に集まって物事を進めていくためには，限られた人数，あるいは所属で行わないと授業などと重なって曜日が合わせられないことや，分野によって国家試験や教育実習，卒修論などの時期が異なり，参加できる期間が合わないことが問題となります。ニーズ＆アイデアフォーラム（NIF）では，このような問題を解決し，毎年5か月間のプロジェクトを実施，参加学生たちに様々な気づきを与えてきました。

次項から，学生時代から異なる分野とのコミュニケーションを経験するプロジェクト，NIFの実践例を通じて，分野間の交流の必要性や，それがもたらす利点と具体的なスキルの向上について，参加した学生からの声も交えながら詳細に掘り下げていきます。

1.2.3 作業療法士と工学の
システムの意味は異なる

　NIFの際に参加校単位で，学生に参加してみて感じた総括を述べてもらっ
ています。学生のコメントで，よく聞かれたのが，活動当初に言葉が通じな
かったというコメントです。

　医療系の学生は「足関節」で通じますが，医療系以外の専門の人には通じに
くいかもしれません。その際，「足首」というと通じます。専門用語は，それぞ
れの分野で誤解なく話をするために必要ですが，専門外の人には通じないこ
とが多々あります。学生は，普段，当たり前に使っている言葉が，同じ環境の
仲間以外では通じないことを本活動中に実際に体験し，専門用語を専門外の
人にいかに伝えるか，苦労することもあるようです。

　また，同じ単語でも，そのイメージが専門分野により異なることもありま
す。同じセリフを聞いても，違うことをイメージしながら，なんとなく会話が
進み，話しているうちに，話がうまく伝わっていないことに気づくこともあり
得ます。

　例えば，システムの定義は，文脈や分野によって異なる場合があります。工
学（機械）系の学生は，ものづくりの観点から，システムという言葉を聞くと，
再現性のあるテクノロジーに関連したシステム（あるモノを制御するための
仕組み，例えば，車の安全装置や自動運転など）に馴染みが深く，医療（作業療
法）系の学生は，作業療法を実施する観点から，ICF（通常，ICFの略称で呼ぶ。
International Classification of Functioning, Disability and Health： 生
活機能・障害・健康の国際分類。略称は，国際生活機能分類）の生活機能モデ
ルや人間作業モデルのシステム，すなわちダイナミックで再現性が難しいシ
ステムに馴染みが深いのではないかと思います。

1.2.4　どの分野が欠けてもできなかった

　前項で，NIFの際に学校単位で総括を発表していたと述べました。第1回か
ら第3回までは，NIF開催後に学生が主体となって，フォーラムの発表内容な
どを写真が多いカラフルな冊子にまとめました。第1回の参加校は4校でし

た。その後，徐々に参加校が増えました。第1回の冊子の総括から，順不同で学生の声を一部抜粋します。学生が体験で学んだことの一端を知ることができます。

図1.1 第1回目の冊子（A4サイズ，横）の表・裏の表紙。作品がイラストとして描かれている [1]

- **デザイン系**：千葉大学 工学部 デザイン学科（冊子 [1] p.41から抜粋）
  本プロジェクトでは，年齢も経歴も違う3分野の学生が集まることで，新しい考え方に触れ刺激を受けました。このような，学内だけでは出会えなかった人たちと出会えたことは，大変貴重な機会でした。一方大学が離れていることや専門性の違いにより，互いの意見の擦り合わせに時間が多くかかり，プロジェクトを進めていくことの難しさを感じたこともありました。しかし，時間を作ってミーティングを重ねることで仲が深まり，活発な意見交換ができるようになったことで互いの専門分野への理解が深まりました。
  プロジェクトを通して，障害者の生活について学ぶことで，街中を歩いているときや，ふとしたときに障害者視点で周りを見ることができるようになったことは大変嬉しく感じています。[以下，略]
- **医療・福祉系**：社会医学技術学院 理学療法学科（冊子 [1] p.42から抜粋）

プロジェクト参加前に4か月にわたる臨床実習を経験することで，実際に臨床で使われている製品のなかには対象者のニーズに合っていないものも多いことを知ることができました。この経験を生かし，今回のプロジェクトでは対象者のニーズを考えながら成果物の製作に取り組みました。[中略]

一般的な製品開発はある程度万人に合わせているので，これまでは対象者が製品に合わせる必要がありました。しかし，私たちは今回の経験を生かし，今後理学療法士として，自立支援に関する製品を対象者に近づけられるような役割を担えればよいと思います。[以下，略]

- **工学系**：東京電機大学　未来科学部　ロボット・メカトロニクス学科（冊子 [1] p.43 から抜粋）

参加した理由は，過去のキャリアワークショップで積んだ成果を実践したかったためです。特に，グループ活動を通して異なった分野の学生と活動を行い，分野の違いを生かすことができると考えたからです。[中略]

アイデアを実現するための機構を考案することは簡単ではなく，一からものづくりを行うことの大変さと自分の知識不足を実感しました。また，大学の授業と並行して行う必要がありスケジュール調整に苦労しました。しかし，アイデアを出し合い計画的に活動を行うことで，医療・福祉，デザイン，工学のそれぞれの分野の特長を生かした障害者のための機器を製作することができました。このようなことから，ものづくりで得られることは多いため，今後も本プロジェクトを継続すべきだと考えます。

- **工学系**：埼玉大学　工学部　機械工学科（冊子 [1] p.44 から抜粋）

[前略] 元々，私は学内で活動する予定でしたが，最終的にこちらのプロジェクトに参加することになりました。なので，個人としてはNIF参加には気が進みませんでしたが，今は，参加して良かったと思う気持ちのほうが大きいです。なぜなら，プロジェクトに携わることで，以下のことに気づくことができたからです。まず，担当する分野によって，考え方や完成品のイメージが異なることがわかりました。次に，同じ分野の学生

でも，成果物の目標が異なり，チームでプロジェクトを進めることの難しさを痛感しました。しかし，自分の知識で対処できない問題に，違う分野の力を借りて解決したことは，新鮮であり，楽しくもありました。

NIFプロジェクトに携わった経験は，工学エンジニアの卵としての私たちを大きく成長させてくれたと考えます。

第2回NIFでは，8校が参加し，第3回NIFでは，表1.1の11学校（順不同），首都大学東京（現，東京都立大学）は医療・福祉系とデザイン系の学生の2学部が参加しました。

表1.1　第3回NIF参加者

医療・福祉系	社会福祉専門学校	夜間部 理学療法学科
	首都大学東京	健康福祉学部 作業療法学科 大学院 人間健康科学研究科 作業療法科学域
	千葉県立保健医療大学	作業療法学専攻
	東京学芸大学	特別支援科学講座
	日本医療科学大学	作業療法学専攻
デザイン系	千葉大学	大学院 工学研究科 デザイン科学専攻
	首都大学東京	システムデザイン研究科
	女子美術大学	芸術学部アートデザイン表現学科 メディア表現領域 大学院美術研究科 デザイン専攻メディア研究領域
工学系	東京電機大学	未来科学部 ロボット・メカトロニクス学科
	埼玉大学	工学部 機械工学科
	東京工業高等専門高校	電子工学科
	東京工業大学	エンジニアリングデザインコース

第3回は参加校が多かったので，短時間で学生がNIFプロジェクトをやってみて気づいたことを発表してもらいました。そのうちいくつかを紹介します。

- 臨床実習後であり，対象者のニーズ把握は十分にできるかなと思える場

面もあったが，他分野の学生に，障害があるとはどういうことか伝えることの難しさをあらためて感じた。
- やっていることは，企業の企画・設計・開発のミニチュア版に近いと感じた。ニーズや需要に対して医療・福祉系の学生，基礎的な構造設計は工学系の人間，細部の設計としてデザイン系の人間があり，どの一つの分野も除いても，今回の作品に至らなかったと感じている。
- ニーズを考えたときにすごく制約がいっぱいあって，それはすごくおもしろかった。
- 福祉系で製品を開発するためのプロセスが工業系の私たちとは，全然違う。

　最後に，私が嬉しかったことの一つは，医療・福祉系の学生がなるべくこうしてほしいいうことと，ものづくり系の学生が技術的，時間的に作れるモノとの葛藤のなかで，結果的に医療・福祉系の重度の障害の方に使ってもらいたいという思いが伝わり，協議し，ものづくり系が想定するモノ以上のモノを作れたというコメントを聞いたときです。皆が一つになって，それぞれのパフォーマンス以上のことを達成した学生たちの心意気に感動しました。
　学生のアイデアを考えたプロセスを見たり聞いたりすると，苦労して大変だっただろうと思うこともありますが，若い人はとてもエネルギッシュで柔軟です。

1.2.5　デザインは，見た目のデザインのみではない

　デザイン系の学生が，他の専門の学生らがデザインは見た目だけと思っていることにショックを受けていました。
　デザインするにあたって，見た目はもちろんですが，見た目以外のことにも多くのデザインが必要であり，それらを思考することが必要です。また関連する知識や技術も必要となります。
　よく考えれば理解できると思いますが，使いたいと思うようなモノを作る

となると，そもそもどのような人がどのような環境で，何のために使うのかなどの情報が十分にないと，一生懸命作ったモノが，まったく役に立たない可能性があります。

　あるモノをデザインするとき，それを使う人が，気持ちよく使えて，役に立つ，また使ってみたいと思うようなモノを作るために，様々なことを思考する必要があります。その思考手段をデザインすることもデザインの一部です。NIFプロジェクトでは，各専門分野の先生が，15分ほどの講義をしています。デザイン系の先生から，実例を通して紹介があり，そのなかで，スタンフォード大学の機関Hasso Plattner Institute of Design，通称「d.school」のデザイン思考 (Design Thinking) の紹介もあります。この考え方は，モノだけにとどまらずビジネスモデルや問題解決にも応用できるデザイン手法です。

　デザイン系以外の学生のみでなく，一般の人も含めて，デザインが良いというと，見た目のことを言っていると思う人が意外と多いのではないかと思われますが，それは，デザイン系の学生の『当たり前』が，一般の人には必ずしも『当たり前』でないからです。

1.2.6　学びと創造を楽しむ：専門家も驚く

　NIFプロジェクトへ参加した学生は，異分野の学生とのグループ活動へ参加した当初には戸惑ったことや悩んだことも大なり小なりあったかもしれません。学校が異なり物理的にも離れていること，授業の間を縫って行うことから，皆苦労したことでしょう。グループで創造する苦しみもあったかもしれませんが，貴重な経験で，コミュニケーションが取れだすと創造も楽しめたように学生のコメントからも，その一端を知ることができます。

　上記のような苦労がありながら，限られた時間で形にして示してくれたアイデアを見た複数の専門家が，私に教えてくれました。

　学生の経験不足から，足りない点があることはある程度仕方ないが，このアイデアは形をさらに工夫すると使えるようになるとか，想像した以上に，自分たち（専門家）では試作できないモノを作っていて驚いたなど，意外と思うことが少なからずあるようです。

そのなかで, 最も驚くことは, 専門家ではなかなか思いつかないアイデアが多々あることです。ある専門家は, 「経験があるから, このようなときはこうするという常套手段があるので, それ以外はあまり思ったことがない」というようなことを言われました。学生には, そこまでの経験がないからこそ, 様々なアイデアを検討し, 試行錯誤して, 経験豊富な専門家が難しくて避けるかもしれないことも, そのようなこととは思わず, 真摯に考え, 結果的に, 専門家も驚いたアイデアの作品を製作したのでしょう。

　例えば, 国立障害者リハビリテーションセンターの訓練施設で, 頚髄損傷者用の足を投げ出して座る高床式トイレを初めて見た学生らが, トイレ内で使いやすい折り畳める台の工夫や車いす本体の工夫を考えることから始まって, 試行錯誤の結果, 本人の車いすから一度乗り換えをする「頚髄損傷者のための長座位車椅子 - 高床式トイレがなくても旅行に行ける - 」の作品 [2] を製作しました (図1.2)。ホテルやツアーのサービスにこのようなモノがあれば, 旅行に行けるのではという提案です。この作品を見た当事者から, 本物ができたら, 実際に使いたいと感想をもらいました。

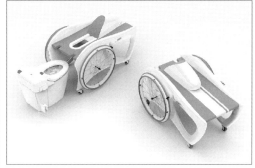

図1.2　長座位車椅子の変遷 (左図) 頚髄損傷者のための長座位車椅子 (右図) [2]

　NIFプロジェクトでアドバイスする先生方は, 学生がニーズを探るところから製作まで極力主体的に進めるように, 潤滑剤になるようなことを助言したりしますが, あえて考えを止めるようなことは言いません。その結果, 専門家が驚くようなアイデアが出やすいのかもしれません。

ただし，学生がこのまま話を進めると，過去に自分が経験した失敗を繰り返す可能性がある場合，失敗も貴重な経験ですが，時間的に余裕がない場合，先生方がどこまでどのようにアドバイスするか否か悩むこともあります。

1.2.7　支援機器を作ることは人を知ること，体・生活・気持ちを知ること

　私は，あるきっかけで障害に配慮した衣服に関わることになりました。国立障害者リハビリテーションセンターでは，2011年から国リハコレクションと称して『おしゃれ』をキーワードに毎年ファッションショーや衣服以外も含めて関連技術・製品・サービスなどの展示を多くの方々の協力のもとに，そのときそのときにできる範囲で紹介しています。障害に配慮した衣服で，先駆的に活躍した一人である岩波君代さんが，私に，「服を作ることは，人を知ることです。人を知ることは，体・生活・気持ちを知ること」ですと，教えてくれました。どんなに素晴らしい技術があっても，服の作り手が一方的に本人に合うと思って製作しても，本人の生活や気持ち，特に気持ちを大事にしないと，着たくない服を押し付けることになります。

　この教えは，支援機器を作ることにも当てはまります。支援機器を一生懸命に作ったのに使えないと言われた場合，体・生活・気持ちを知ることが不足していることが多々見受けられます。作る人と使う人たち，または使う人たちをよく知っている人（医療・福祉専門職など）との連携や情報共有が不足していることが大きな一要因であることが多々あります。このサポートをすることが開発促進につながることを，厚生労働省「障害者自立支援機器等開発促進事業（2010～）」の立ち上げに初代の福祉工学専門官として関わり，実施1年目に実感しました。NIFは，その人材育成の一助や支援機器の有効性，障害や障害のある人の生活・課題などを広く一般の人にも知っていただく手助けとして，福祉国家の促進につながることを期待して，構想し準備し，多くの先生方のご協力で継続しています。

　この書籍も多くの先生方のボランティアで作成することになりました。

1.2.8 参加者も含めた輪の広がり

　NIFに来場された参加者の方々，特別講演の先生，ゲストコメンテータの先生方，学生以外の出展協力者の方々からも，学生は様々なことを学びます。学生が学ぶだけでなく，会場に足を運ばれた方々どうしでも，交流が進むこともあります。

　また，学生が作成した冊子を手にした方々から応援のコメントをもらったことがあります。大学の恩師らから『できた作品の出来具合よりも，作品を作る過程がより重要である』，医療専門職の方から『私が学生のとき，このような授業があったら参加したかった』など，さらにNIFのWebサイト［3］で過去の作品をご覧になった障害当事者，支援者の方々から問い合わせもあります。特に複数の片麻痺の当事者から「片麻痺のある人に向けたギター補助具」を見たと言って，『片手で弾けるギターを手に入れたい』，『片手で弾けるギターを試したい』などと，問い合わせがありました。

　第2回のNIFのリハーサル（本番は東京電機大学の100周年ホールで2016年3月6日開催）が，NHKの朝のテレビ番組「おはよう日本」（2016年3月2日）に流れたことがあります。その当日，国立障害者リハビリテーションセンター病院の外来で，車いす利用者の患者さんから問い合わせがあまりに多数あり，看護師たちが戸惑ったようです。テレビで見た「着脱と収納が容易な車椅子ユーザー用レインコート」を見たい，試したいという問い合わせで，国立障害者リハビリテーションセンターにモノがあると思われたようです。病院では回答しようがなく，研究所の障害工学研究部長（私）に病院長から電話があり，外来の看護師長に，どのように回答したらよいか伝えてくださいと指示を受けました。車いすユーザー用レインコートについては，車いす利用者の関心が高く，その後，国リハコレクションでも試作し，ファッションショーや展示で複数回紹介し，現在も試作は看護師が中心となって継続中です。

1.2.9 まとめ

　以上のように，学生たちが様々な学びを得た一方で，各分野の専門家も新たな視点やアイデアを収穫し，関わっている人間すべてにとってメリットが生まれる教育手法になっています。このプロジェクトは，単なる学問領域の垣根を越えただけでなく，参加者が日常的な枠組みを超越して共同作業する機会を提供しました。特に，異なる分野や組織から来た専門家たちが共同でプロジェクトに取り組むことで，専門知識の統合や新しいアイデアの発展が生まれました。医療・福祉系の知識とデザイン系・工学系の技術が融合し，それが新たな製品やサービスの創出へとつながる可能性を示せたと言えます。教育手法としても，プロジェクトベースのアクティブラーニングが効果的であることが示されました。参加者は理論だけでなく，実践を通じて問題解決のスキルを磨き，協働のなかでコミュニケーションやリーダーシップの経験を積むことができました。

　また，社会貢献という面では，プロジェクトの成果物が実際のユーザーの手に渡り，その利用が広がっていく様子は，社会に与える良いインパクトともなっています。このようなプロジェクトが全国に広がれば，障害者支援の分野で新たな機器やサービスが導入され，その結果，利用者の生活の質が向上することが期待されます。これは単なる学問の域を越えて，実際の社会課題への解決策を生み出すという教育の重要な側面を示しています。

　総じて，このプロジェクトは異なるバックグラウンドを持つ人々が協力し，共に学び，新たな価値を創造する典型的な例と言えるでしょう。多岐にわたる分野との協働がもたらす多様性と創造性は，教育と社会において共に歩む未来の可能性を示唆しています。

第2章 障害当事者と３分野の学生による「協働」が生み出す福祉機器・自助具開発プロジェクト

■ 2.1 当事者ニーズと医療・福祉，工学，デザイン分野のアイデアの結集

2.1.1 NIFが目指す協働人材の育成

　ニーズ＆アイデアフォーラム（NIF）は，一言で言うと，「『お互いを知る』人材育成プロジェクト」です。

　NIFプロジェクトでは，医療・福祉系，デザイン系，工学系の学生が中心となって障害のある方の課題をもとに協働作業をします。

　プロジェクトでは，結果よりプロセスを重視（人材育成）しています。医療・福祉系，デザイン系，工学系の学生が協働し，学生は互いの分野を知り，言葉の違いを知ります。さらに障害者のニーズの一端を知ります。学生が課題解決のための支援機器などのアイデアを考えて形にします。その作品をフォーラムで発表します。学生をサポートする先生方は，学生に自ら調べ，気づいてもらうように配慮した指導を行います。これらを通じて，個々の学生が自分の専門分野と異なった視点やフォーラムに参加された方々（当事者，支

援者，開発者など）の視点に触れ，様々な体験から発見や学びをします。プロジェクト予算に余裕があった最初の3年間は，学生自身にフォーラム当日用のみでなく，開催事後に活動紹介用の冊子を作成してもらいました。

フォーラムでは，学生と協力者・協力機関の発表，展示があります。フォーラムは，参加者にとって，障害に関連するニーズの一端や，障害への配慮の一端を知る，支援機器の有用性を知る，さらに様々な立場や職種の方々が情報共有，知り合う場となります。

学生は，異分野の人との協働で配慮すべきこと，様々な視点を学びます。結果的に障害のある人の視点に立って物事に気がつくようになるようです。

学生をサポートする先生方は，普段交流したことない専門の先生との交流が深まる良い機会となります。

フォーラム参加者は，フォーラム会場のプロジェクトメンバーやほかの参加者との交流で，学生のアイデアや障害の一端，技術の一端などを知ることができ，それぞれに何か得ることがあります。

NIFプロジェクトの実施により，互いを知って協働がスムーズに進められる人材が育成されることで，より良い福祉国家に近づくことを期待しています。

こうしたことから，NIFプロジェクトを一言で言うと，『互いを知る』人材育成プロジェクトと言えます。

NIFを発案した2009年当時までに，異分野の学生が協働するコンテストなどは，九州産業大学の榊泰輔教授が実施していた，デザイン系と工学系の学生の組み合わせによるものや，医療系と工学系の学生の組み合わせによるものはありました。しかし，医療・福祉系，デザイン系，工学系の学生が協働で行っているコンテストなどは聞いたことがありませんでした。医療・福祉系と工学系にデザイン系を加えることが大事なポイントです。さらに現実の課題（ニーズ）を対象に，解決法のアイデアを形にして見せられたら，ユーザーがより使いたいと思ってもらえる作品ができるかもしれません。

デザインは『見た目』のみではありませんが，使ってみたいと思ってもらうには『見た目』のデザインは重要なポイントの一つです。以前から，日本の支援機器の多くは，ヨーロッパの支援機器と比較し，見た目のデザインが良くな

いという印象が私のまわりの障害当事者・支援者の方々に多々ありました。例えば，日本の車いすメーカーであるオーエックスエンジニアリング [1] の「OX」のロゴが付いた優れたデザインの車いすを初めて見た人のなかには，海外製の車いすと誤解する人がいたほどです。ちなみに，その素敵な車いすは，OXの創業者の故石井重行氏が，既存の機能・デザインに飽き足らず，自ら作った車いすでした。その車いすは長年培われたモーターサイクル・レーシング・テクノロジーを開発・製造に応用したモノでした。

　ところで，創造的なものづくりを通じた人材育成には，ロボットコンテスト（通称，ロボコン）などがあります。NHKのロボコン放送は，東京工業大学の森政弘教授（現在，名誉教授）の発案で1988年にアイデア対決ロボットコンテストとして始まり [2]，進化し，現在に至っています [3]。その参加学生でのちにロボット研究者になった人もいます。

　NIFプロジェクトでも学生時代に関わり，のちに大学の教育者になられ，現在，NIFプロジェクトを支える重要なメンバーとなった方々がいます。

2.1.2　NIFの目指す先

　当初NIFは，障害のある方の課題や支援機器の有効性を，当事者や支援者，関心のある一般の方など，多くの方々に知っていただき，互いに学べる場となることを願って企画しました。NIFは，①当事者をよく知る「医療・福祉職系，デザイン系，工学系の学生」の人材育成の手法として進化・発展すること，②学生にとどまらず，医療・福祉従事者と開発者の協業の促進手法への進化や，③フォーラムに参加した方々が，互いを知る場の一つとなり，支援機器などのユーザー側，開発者側，行政側などの連携の促進手法への進化などを目指し，ひいては④福祉国家の促進の一助になることを目指しています。

　支援機器のユーザー側は，必ずしも技術に詳しい方々ばかりではありません。そのため，ユーザー側のニーズを技術でサポートできることもあることに気がつきにくく，商品化されて初めて，技術の一端に触れる人が多いでしょう。

　一方，ものづくりに関わる方々は，必ずしも障害や障害があることの課題に

ついて深く知りません。そのような方々は，モノを作る技術があり，支援機器の耐久性などの評価はできますが，ユーザーの視点での評価が困難です。そのため，熱意をもって開発しているにも関わらず，なかなかその支援機器が必要なユーザーに役立つ形にならないことが起こりえます。

　ユーザーをよく知る医療専門職などが開発者と情報共有し，互いを理解して協働することはきわめて有意義です。私が関わった2009年度障害者自立支援機器等研究開発プロジェクト（単年度）[4]では，障害当事者の要望をもとに，現在の技術を使えばこんなこともできるというアイデアを形にしました。その結果，それまで技術はあるが，予算の都合などで形にできなかったモノが形になり，世界初のモノ，障害者が自立して住みやすい住環境モデルや携帯電話の両面にも装着可能な軽量で薄い点字デバイス，携帯電話で新音声コードを読める試作機器や，スポーツ用義足（バトミントンしたり，疾走したりできる膝接手）などの試作機器ができました。次に関わった2010年度障害者自立支援機器等開発促進事業（2010年から開始）[5]では，厚生労働省が関連協会などの協力のもと，ユーザーである当事者をよく知る医療職などを開発業者に推薦し，想定ユーザーらが喜んで使ってもらえる形になるよう評価の手伝いをしました。その結果，スポーツ用義足の評価に関わった当事者のなかからパラリンピックの選手が育ったり，採択事業期間が終わる前から，障害当事者から早く商品化してほしいと声があがったり，開発業者から医療職などのアドバイスにより，開発期間がとても短縮されたと喜ばれたりしました。

　上記の経験を踏まえ，医療・福祉職の協力と多数の教育者・研究者の協力を得て，NIFプロジェクトは，厚生労働省の科学研究費で2014年から最初の3年間，毎回，試行錯誤しました。その後，文部科学省の科学研究費で実施した際には，異なった専門分野の学生がNIFで協働するモデルカリキュラムを作成しました。その後，コロナ禍になり，対面での集会活動が困難になり2020年からオンラインでの活動になり，NIFはオンラインのみの開催となりました。NIF2023は，久しぶりの対面・オンライン併催となりました。オンラインでのNIFプロジェクトを実施したことで，物理的に離れた学生も参加が容易になりました。NIF2023から視覚障害のある学生も参加しており，障害のある学生が参加しやすくなる手法を今後さらに検討する予定です。

2.2　NIFの実施方法

2.2.1　障害について学び，障害を体験する

　NIFでは学生がプロジェクトに参加する際，国立障害者リハビリテーションセンターにおいて専門職の指導のもと，視覚障害の模擬体験や車いすを使用した体験，また，それらを介助する体験を行います。これは，単なる障害の模擬というだけでなく，複数の視点から自分と異なった状況の人間の感じ方を身をもって理解し，障害を持った状況に対する感受性を醸成するための手法となっています。このアプローチは，ある意味ショック療法のように働き，参加者が直接的に異なる生活体験に触れることで，障害を抱える人々の立場や日常生活における課題をより深く理解できるように促しています。

　障害の模擬体験は，参加者が視覚や身体の制約を経験することを通じて，日常のなかでの様々な困難に対する理解を深めます。視覚を遮断したり，車いすを使用することで，普段当たり前に感じている行動や状況が，障害を持った方にとっていかに挑戦的であるかを実感し，その結果として，無意識のうちに抱いていた先入観や偏見を見直す契機となります。

　介助の実践では，参加者が協力者や理解者として行動することで，健常者と障害者の連携の重要性やコミュニケーションの大切さが浮き彫りにされます。これにより，プロジェクト参加者は他者との協力や理解を通じて，障害を抱える方々との共感や連携を深め，自らの視点だけではない視点でものを考える能力を身につけることができます。さらに，互いに助け合いながらプロジェクトを進めるなかで，相手のニーズを尊重し，協力することの重要性を体感し，より広い視野を身につけることが期待されます。

2.2.2 プロジェクトで学ぶ内容

- 第1回（オリエンテーション）
医療・福祉系の指導者および障害者支援施設スタッフによる初回のオリエンテーションでは，プログラムの概要が説明され，参加者は障害体験やニーズの具体例を通じて，プロジェクトの背景を理解します。これにより，参加者は「自分の力で何ができるだろうか」という状況からプログラムへの期待値を具体化し，障害者の日常生活における課題に敏感になります。

- 第2回（ニーズの分析とチーム編成）
医療・福祉系教員および障害者支援施設スタッフが担当する2回目では，ニーズの分析方法に関する講義が行われ，チームが取り組むべき具体的なニーズが議論されます。参加者は，問題解決スキルの向上だけでなく，他分野との協力体制を築くためのチーム編成の経験を積むことができます。

- 第3回（ニーズの聴取と分析，要求仕様の決定）
3回目では，医療・福祉系教員および障害者支援施設スタッフが，障害当事者のニーズを聴取する方法を教え，各グループは実際のニーズの聞き取りと課題を分析して機器開発による解決方法を抽出します。同時に，既存機器の調査と要求仕様の立案が行われ，参加者はコミュニケーション能力の向上や要求仕様の策定方法を学びます。

- 第4回（基本仕様の決定と試作機などの作製）
デザイン系・工学系の教員が関与する4回目では，要求仕様に基づいた基本仕様が決定され，試作機や仮想モデルが作製されます。参加者は専門的な知識の向上だけでなく，試作機を用いた問題解決のシミュレーションを通じて実践的なスキルを養います。

- 第5回（試作機の改良と臨床評価）
デザイン系・工学系が関与する5回目では，改良した試作機や仮想モデルの有効性が障害当事者に確認され，意見を踏まえてさらなる改良が行われます。テーマによっては企業からの技術的協力を得ながら，参加者

は作品のブラッシュアップを行うとともに，企業の技術者などとのコミュニケーションスキルと各分野の専門知識の統合を学びます。

- 第6回（成果物の進捗結果の発表（リハーサル））

全教員・スタッフが関与する6回目では，成果物の進捗結果が発表され，関係者内でのプレゼンテーションを通じて機器の有用性が検討されます。参加者は教員やスタッフに対してプレゼンテーションを行うことで，プレゼン能力の向上や，細かい部分の修正点に気づくことができます。

- 第7回（成果物の一般公開）

7回目では，全教員・スタッフが携わり，一般向けの成果報告会を実施します。障害当事者や関係者，一般の人々に公表され，成果の有用度を意見交換を通じて確認します。統一されたフォーマットとしてポスターを作成し，プレゼンテーションを行うことで，参加者はフィードバック収集と情報整理・表現のスキルを向上させます。また，フォーマットを統一したパンフレット（作品ごとにニーズ・アイデア・使い方などを整理し，本取り組みに対するグループ・学校ごとの感想を加えた構成）を作成します。

2.2.3　各分野の教員，臨床スタッフ，障害当事者によるサポート

　図2.1に示した学生グループを取り巻くサポート体制のように，多様なプロフェッショナルが連携し，学生たちのものづくりプロセスに質の高い教育的インプットを提供しています。これには，臨床スタッフ，医療・福祉，工学，デザインの各専門分野の教員，および，障害当事者が含まれており，この協力体制は，教育の多面性と実践的なアプローチを結びつけ，学生たちが学際的なスキルを身につけるための環境を整えています。教員はニーズの適切な把握やものづくりの具体的な手法について指導を行い，学生たちが独自のプロジェクトにおいて創造的かつ効果的に活動できるように支援しています。

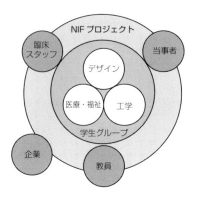

図2.1 NIF 概念図

表2.1 全体回における講義内容例

実施回	講義タイトル
第2回 医療福祉系	1. ニーズの基本構造について　2. ニーズ分析の具体例 3. ニーズ分析の実際 (演習)
第3回 医療福祉系	1. 頚髄損傷について　2. 視覚障害について 3. 高次脳機能障害について　4. 発達障害について
第4回 デザイン系	1. 「デザイン思考」の概要　2. デザインの現場 3. メディアと福祉デザイン 4. イノベーション志向のデザイン：研究から製品へ
第5回 工学系	1. 仕様の策定の大切さと使用する人間のことを考えた設計 2. ものづくりはスタート地点：ものづくりに至るまで・ものづくりを始めてから 3. 人間工学専門家部会報の話題より

　また，年によって変わるものの，第2回から第5回の全体会では表2.1に示したような内容で，臨床スタッフや教員から，ニーズベースのものづくりをしていくなかで必要となる考え方の講義を行っています。

　医療・福祉系の教員や臨床スタッフの役割は，単なる理論や知識の提供を超えて，障害に対する理解を深め，現場の実態に即したアプローチを学生たちに示すことにあります。そのため，それぞれの障害についての講義のほか，ニーズを分析する方法，その具体例と実践を通した講義を行います。また，障

害者の特定のニーズに焦点を当て，それに対するカスタマイズされた機器やソリューションを開発する方法を指導します。これには，臨床的な経験をもとにした障害の症状や生活への影響に関する理解が欠かせません。

　学生はまず，機器を必要としている利用者のプロファイルを把握し，それに基づいて効果的かつユーザーフレンドリーなデザインを構築するためのスキルを習得します。ニーズの分析においては，障害に関する知識の習得や利用者との対話を通じて，患者中心のアプローチが確立され，設計プロセスに反映されることでしょう。

　工学系の教員は，仕様策定の手法や重要性，ものづくりのプロセス，材料についての知識や，3Dプリンターの実践的な使用方法などについて講義をします。また，アイデアベースのものづくりの危険性などについても伝え，学生たちが自分たちの身につけてきた技術を駆使して問題にアプローチする際の独自性や創造性を育むための方法も指導します。工学系の教員は，ただ単にテクニカルスキルだけでなく，問題解決のための発想力やイノベーションの原動力となる発明的な思考を促進する重要な役割を果たしています。このようなアプローチを通じて，学生たちは自らのアイデアを具現化し，技術の力を最大限に引き出すことができ，将来的には自らも新たな技術や製品を生み出す立場となることが期待されます。

　デザイン系の教員は，工業デザインにおける理論と実践の両面から学生たちに深い知識を提供します。具体的には，社会で実際に使用されている医療・福祉機器のデザインに焦点を当て，その優れた例や改善が求められる課題について具体的な事例を挙げながら説明します。

　デザイン思考に関しては，学生たちに具体的な課題にどのようにアプローチし，問題解決のためにどのようなプロセスを経るかをわかりやすく伝えます。また，ユーザーセンタードデザインの原則や，医療や福祉の分野において利用者のニーズや意見をどのように取り入れるかについても講義が行われます。教員はまた，プロトタイピングやモックアップの作製など，アイデアを具現化するための実践的な手法についても解説します。これにより，学生たちは自らのアイデアを形にし，機器のデザインにおいて技術的な制約や機能性をどのように考慮するかを学ぶことができます。さらに，デザイン系の教員は学

生たちにコラボレーションとコミュニケーションの重要性を教え，異なる専門分野の知識や視点を融合させる力を育みます。これにより，医療・福祉機器のものづくりプロジェクトにおいて，デザインが技術と協力し，人々の生活に真に寄り添った作品が生み出されることが期待されます。

こうした教育的なアプローチは，学生たちに単なる技術スキルだけでなく，問題解決力やリーダーシップなどの重要なソフトスキルも養う機会を提供しています。

また，障害当事者の参加は，実際の経験やニーズに基づいた貴重な視点からの意見を提供します。これにより，学生たちは単なる技術の習得だけでなく，人間中心のデザインや社会的な貢献の重要性についても理解を深めることができます。その結果，将来，エンジニアやデザイナーとしての役割を担う際に，社会的なニーズへのアプローチや倫理的な視点を持ちながら活動する準備が整います。

特に注目すべきは，臨床スタッフと教員が互いに，試作品に対して「こうしたらもっと良いものができる」と具体的なアドバイスは行わないというルールを厳守している点です。このルールは，プロジェクトの目的が「良い製品を開発する」ということだけでなく，学生たちが自らの意見を形成し，議論を通じて方向性を見いだすスキルを養うことに焦点を当てているためです。学生たちはこうした自主性と協力のなかで，卒業後社会に出ても求められる，協働に対する有用なスキルを築くことが期待されます。

2.2.4　ニーズベースで進めるものづくり

障害当事者の参加は，実際の経験やニーズに基づいた貴重な視点からの意見を提供します。これにより，学生たちは単なる技術の習得だけでなく，人間中心のデザインや社会的な貢献の重要性についても理解を深めることができます。その結果，工学系・デザイン系の学生は将来，エンジニアやデザイナーの役割を担う際に，社会的なニーズへのアプローチや倫理的な視点を持ちながら活動する準備が整います。また，医療・福祉系の学生が臨床スタッフとして活躍する際には，障害当事者や患者のウォンツ（具体的な要望）を受け取り，

それを実現可能なニーズとして表現するための基礎知識として経験を生かすことができます。

　また，他分野からのフィードバックの組み込みは，学生たちが自分たちの分野のアイデンティティや，専門的なアプローチを多様な視点から評価し，発展させるうえでの重要なポイントになります。これにより，技術的な解決だけでなく，異なる分野の学生と連携しながら，ものづくりに多元的なアプローチを加えることができます。異なる分野との協力を通じて，学生たちは専門性だけでなく，ほかの分野の知恵を取り入れる柔軟性や協力を求める，自分の知恵を他人の仕事に生かす重要性も理解し，実践できるようになります。

　最後に，自分たちの専門知識を駆使してものづくりを進めるなかで，学生たちは「自己能力の再確認と，不足している知識の気づき」を経験します。チームのメンバーとプロジェクトの進行や協力体制のなかで直面する課題に対処していくことで，学生たちは自然に，自身のスキルや専門性に目を向けることが増えていきます。そこで，自分に不足しているものを認識し，自分の専門性を深化させることができるのです。学生たちはほかのメンバーや障害者と連携・意見の交換を行いながらプロジェクトを進める際，プロジェクトの成果物や過程において他者との意見交換や協力が欠かせないため，自己の能力や専門性を客観的に評価し，自身の強みを洗練させ，弱みを克服することができます。これにより，より効果的な貢献ができるようになります。また，不足している知識に気づくことは，異なる分野との連携や障害当事者の経験から得る新たな視点と接するなかで生じるものです。これにより，学生たちは独自の専門性だけでなく，多様な知識領域にわたる理解を深め，より包括的で柔軟な問題解決力を身につけることが期待されます。その結果，将来のものづくり，あるいは医療の現場における仕事において，変化の激しい社会や技術のなかで主導的な役割を果たすための準備が整います。

　このプロセスは単なる技術的なスキルの向上だけでなく，学生たちが継続的な学びの態度を養う契機ともなります。自らの成長や不足を見つめ直すなかで，学生たちは自己評価の向上や新たな学習目標の設定にも気づくでしょう。こうした姿勢は将来のキャリアにおいて，未知の課題にも柔軟かつ積極的に対処する力を養う要因となります。

2.2.5 オンラインで行うものづくり

　NIFは，2020年以降，新型コロナウィルスの影響を回避し，遠方の大学からもプロジェクトへの参加が可能となるように，全体会議やグループ内の打ち合わせをオンラインで実施する方針に転換しました。この変更により，これまでの問題であった異なる所属の参加者による全体会議への低い出席率が改善され，東京だけでなく，東北，北陸，中部，九州など様々な地域からの教員や学生が柔軟にプロジェクトに参加できる環境が整いました。

　ただし，オンラインで行うものづくりにはデメリットも存在します。これはNIFだけに限ったことではなく，社会に出た後でも起きる問題ですが，例えば，対面でのコミュニケーションに比べて，オンラインでは非言語コミュニケーションが制約されるため，チームメンバー間の情報共有が難しくなります。会話のなかでの微妙な表情やジェスチャーが失われ，理解が迅速に行き渡らないことがあります。

　こういった問題を解決するためには，従来になかったスキルを身につける必要があります。プロジェクトがオンラインに移行することで，効果的な情報共有が求められるなか，ドキュメンテーションの充実が不可欠となります。対面での議論やホワイトボードを活用したアイデア出しといった手法が制約されたことから，プロジェクトの進捗や意思決定を追跡できる明確な文書化が重要になりました。ファイル共有，プロジェクト管理，コミュニケーション，ブレインストーミングなど，多岐にわたる作業を効率的に進めるために，学生たちはそれぞれ適切なオンラインツールの使用を行うことでこれを解決することができます。なかには，学生が自分たちで使用するオンラインツールを決定し，コミュニケーションの円滑化を図っているケースもあります。これは，新しい技術に物怖じしない若者のほうが，経験を積んできた人間よりもスムーズに新たなオンラインツールを取り入れられるということも示しています。このような手法により，メンバーがオンラインで情報にアクセスしやすくなり，プロジェクトの透明性が向上しました。

　一方，オンライン環境ではメンバー間の直接的な助言や指導が難しくなり，プロジェクトメンバーが相互に十分なサポートを受けることが難しくなりま

した。対面での作業では簡単に相談できた問題も，オンラインでは遠隔地にいるメンバーとの連絡手段が制約され，解決が遅れることがあります。また，プロジェクトメンバーのモチベーション維持も重要なテーマとなります。対面での協力や共感がオンラインでは難しくなるため，個々の役割や成果へのフィードバックがより重要となります。NIFでは，進捗報告や成果の共有を定期的に行い，それぞれの進捗報告で発表すべき段階を設定することによってこれらの問題を解決してきました。

こうした挑戦や課題に対応しつつ，NIFはオンライン環境においても高いクオリティのプロジェクトを推進し続けています。

▌ 2.3 教育としてのNIF：できた作品よりプロセスが重要

2.3.1 分野ごとのカリキュラムデザインと評価

教育ツールとしてのNIFの取り組みを具現化するために，チーム編成から成果発表会までの流れを225時間（約6か月間）に及ぶ分野ごとのモデルカリキュラムを整備しました。

モデルカリキュラムは，①医療・福祉系，②デザイン系，③工学系の各専門分野における大学教育カリキュラムに即して編成し，各専門別に，科目名（例）と到達目標を設定し，共通項目として，カリキュラムの特徴とねらい，方法，共通の到達目標，スケジュールを設定しました。

本カリキュラムは，医療・福祉系，デザイン系，工学系の学生が混成チームを作り，様々な障害のある人たちのニーズを学ぶことから始め，障害当事者の意見を聞きながら支援機器をチームで形にすることを特徴としており，このプロセスを通じて，障害のある人に起きているコトに当事者目線で気づき，その解決策を自ら導き出せるようになることをねらいとしています。

そのため，専門各者共通の到達目標として以下の3項目を設定しました。

① 障害当事者が活用できるアイデア・機器を製作できる。

② 自身の専門性とチームにおける役割性を学び，多分野からなるチームメンバーに自らの創作や考えを伝えることができる。

③ このプロセスを実現化するためのチーム・コミュニケーション・スキルやプレゼンテーション・スキルを身につける。

　また，グループ編成後は学生によるグループワークを主体として運営し，議論の段階で必要な，知識や考え方を専門分野別の指導者がレクチャーする方法を取り入れています。

　一方，指導者は，学生の検討プロセスにおいては，あくまでも学生個々の主体性を尊重し学生の意見やアイデアの否定はせず，修正も求めず，最小限のアドバイスにとどめることとしています。

　本カリキュラムの評価方法は，グループワークにおける検討状況を定期的な報告会で確認することとし，さらに検討を重ねたアイデアを機器として形にし，障害当事者および一般向けに公表し意見をもらうこととしています。

表2.2 ニーズに基づく障害者のための自立支援機器開発を学ぶ人材育成プログラム
（モデルカリキュラム）[6]

	医療・福祉系	デザイン系	工学系
科目名（例）	① 多専攻間連携・支援機器開発プロセスを通じた人材育成プログラム ② Interdisciplinary Human resources program by the Development Process of Assistive Devices ③ 作業療法支援機器研究（東京都立大学） ④ 専門職連携演習 ⑤ 異分野協業ニーズベースデザイン演習 ⑥ 異分野協業プロジェクト演習 ⑦ インターディシプリナリーアクティブラーニング	① 福祉・デザイン・工学横断型障害者支援人材養成プログラム ② 領域横断型福祉支援人材養成 ③ Cross Industry Design・Cross Field Design ④ Cross Industry Learning・Cross Field Leaning ⑤ ユーザーエクスペリエンスデザイン（UX） ⑥ ユーザー体験・ユーザビリティ工学 ⑦ インタラクションデザイン ⑧ ユーザー中心設計（人間中心設計）	① （人間）工学設計製作演習 ② 課題探索型セミナーⅡ（埼玉大学） ※下線部は実存する科目名
特徴とねらい	医療・福祉系，デザイン系，工学系の学生が混成チームを作り，さまざまな障害のある人たちのニーズを学ぶことから始め，障害当事者の意見を聞きながら支援機器をチームで形にする。このプロセスを通じて，障害のある人のモノや起きているコトに障害のある人の目線で気づき，その解決法を自ら導き出せるようになることがねらいである。この経験を得ることで，本当に役に立つモノづくりに資する未来の人材を育成することを目指す。		
方法	① 事務局機関が参加者を募り（機縁募集もしくは公募），異なる専門分野の学生によるグループを形成する。 ② グループ毎に，障害のある人のニーズを直接聴取し，解決策（アイデア）を検討する。 ③ アイデアを機器として形にし，障害当事者及び一般に公表し意見をもらう。 ④ 以上のプロセスを自主運営型ワークショップにて行い，進捗状況を定期的な報告会にて確認する。		
到達目標	① 分野の異なる学生同士が相互にコミュニケーションを図り，視野を広げ，新たな思考過程を得る。 ② ニーズの分析方法を学び，障害のある人の生活をイメージできるようになる。 ③ 障害のある人のニーズに基づいた福祉機器開発のプロセスを習得する。	① 障害に対する理解を深め，障害のある人の想いやニーズについて理解する。 ② 課題解決に向けて主体的な姿勢を身につける。 ③ 課題に関する，情報収集や分析方法，論理的思考を通じ，デザインプロセスを学ぶ。 ④ 論理的思考を学ぶ。 ⑤ 福祉分野・インクルーシブ社会の確立に向けて，ユニバーサルデザイン，UX（User Experience）・UI（User Interface）技術，表現力を身につける。	① ニーズを聴取し，その中から具体的なウォンツを見出し，仕様の策定ができる。 ② 仕様を満たす工学的設計ができる。 ③ 仕様を満たすデザイン的設計ができる。 ④ 各分野の設計を融合させ完成品として製作することができる。 ⑤ 障害当事者の課題を理解しニーズとして抽出した後，解決策を見出す。
	① 障害当事者が活用できるアイデア・機器を製作できる。 ② 自身の専門性とチームにおける役割性を学び，異分野のチームメンバーに自らの創作や考えを伝えることができる。 ③ このプロセスを実現化するためのチーム・コミュニケーション・スキルやプレゼンテーション・スキルを身につける。		
スケジュール	第1回：オリエンテーション（概要説明・施設見学・ニーズ例の紹介・その他）　担当：医療・福祉系指導者（180分） 第2回：ニーズの分析方法（講義）（90分），取り組むニーズの決定とチーム編成（90分）　担当：医療・福祉系指導者，障害者支援施設スタッフ（180分） 第3回：ニーズの聴取と分析，要求すべき仕様（要求仕様）の決定　担当：医療・福祉系指導者，障害者支援施設スタッフ（180分） 　　※グループ毎に，障害当事者のニーズをインタビュー等を通じて聴取した上で，課題を分析し機器開発によって解決すべき方法を抽出する。その際，先行開発された既存機器の現状を調査（試用）し課題を絞り込む。調査結果等を踏まえ，開発機器に要求すべき仕様（要求仕様）を立案する。 第4回：基本仕様の決定と試作機等の作製　担当：デザイン系・工学系指導者（180分） 　　※要求仕様に基づいた基本仕様を立案し試作機や仮想モデルを作成する。試作機や仮想モデルに基づいた課題解決のシミュレーションを実施し必要に応じて試作機や仮想モデルの改良を行う。 第5回：試作機の改良と臨床評価　担当：デザイン系・工学系指導者（180分） 　　※改良した試作機や仮想モデルの有効性について障害当事者等に確認し，意見を踏まえ，試作機や仮想モデルをさらに改良する。 第6回：成果物の進捗結果の発表（リハーサル）　担当：全指導者（180分） 　　※一般公開に向け，関係者内でのプレゼンテーションを行い機器の有用性の検討と最終調整を行う。 第7回：成果物の一般公開（成果発表会）・学習成果の評価　担当：全指導者（270分） 　　※障害当事者や関係者，一般の方に公表（広報及び口頭発表）し，意見交換を通じて成果の有用性を確認する。広報物はフォーマットを統一したパンフレット（作品ごとにニーズ・アイデア・使い方等を整理し，本取組みに対するグループ・学校毎の感想を加えた構成）を作成する。学習効果の評価：取組み態度，成果内容，プレゼンテーション，レポート，アンケート		
参考	http://n-i-f.jp		

表2.3 プログラムの内容 [6]

	プログラム内容	担当指導者
第1回	オリエンテーション（概要説明・施設見学・ニーズ例の紹介・その他）	医療・福祉系（180分）
第2回	ニーズの分析方法（講義）（90分） 取り組むニーズの決定とチーム編成（90分）	医療・福祉系，障害者支援施設 スタッフ（180分）
第3回	ニーズの聴取と分析，要求すべき仕様（要求仕様）の決定 ※グループ毎に，障害当事者のニーズをインタビュー等を通じて聴取した上で，課題を分析し機器開発によって解決すべき方法を抽出する。その際に，先行開発された既存機器の現状を調査（試用）し課題を絞り込む。調査結果等を踏まえ，開発機器に要求すべき仕様（要求仕様）を立案する。	医療・福祉系，障害者支援施設 スタッフ（180分）
第4回	基本仕様の決定と試作機等の作製 ※要求仕様に基づいた基本仕様を立案し試作機や仮想モデルを作成する。試作機や仮想モデルに基づいた課題解決のシミュレーションを実施し必要に応じて試作機や仮想モデルの改良を行う。	デザイン系・工学系（180分）
第5回	試作機の改良と臨床評価 ※改良した試作機や仮想モデルの有効性について障害当事者等に確認し，意見を踏まえ，試作機や仮想モデルをさらに改良する。 ※加工方法については，企業からの協力（アドバイス）を得る。	デザイン系・工学系（180分）
第6回	成果物の進捗結果の発表（リハーサル） ※一般公開に向け，関係者内でのプレゼンテーションを行い機器の有用性の検討と最終調整を行う。	全指導者（180分）
第7回	成果物の一般公開（成果発表会）・学習成果の評価。※障害当事者や関係者，一般の方に公表（広報物及び口頭発表）し，意見交換を通じて成果の有用性を確認する。広報物はフォーマットを統一したパンフレット（作品ごとにニーズ・アイデア・使い方等を整理し，本取組みに対するグループ・学校毎の感想を加えた構成）を作成する。	全指導者（270分）

学習効果の評価：取組み態度，成果内容，プレゼンテーション，レポート，アンケート

第3章 学術的，教育的観点から見たNIFの特長と課題

▌3.1 機械工学・機械技術人材育成の観点から見たNIFの特長と課題

3.1.1 NIFはものづくりの原点

　ニーズ＆アイデアフォーラム（NIF）に参加する学生が目標とする障害者のための自立支援機器の実現にあたって，物理的実体を持つ装置の開発が求められるときに必要なのが，機械工学であり機械技術を活用したものづくりです。そのものづくりの立場から見て，NIFの活動には特別な部分はまったくありません。これをお読みの皆さんも，身近で利用している様々な機器，例えばハサミのような身近なものから，自動車や飛行機などの高度技術機器に至るまでのすべてが使いにくかったら，おそらく不満を抱かれるでしょう。ものづくりを行うときには，実際に使う人の立場に立って必要なものを作り提供することが常に必要です。そのためには，使う人のニーズを理解し，実際に開発する機器の目標仕様を決定し，その機械的実現手段を模索する作業が必要です。その過程では，自身の知識や技術を現実世界に適用するための手段が必要となり，また，足りない知識や情報を発見し，取得する必要があります。いわ

ゆる課題発見的な作業，および自身の知識の実践応用の作業が必須となります。すなわち，NIFの活動は，そもそもものづくりの原点ともいうべき活動なのです。

　一方で，ものづくりには，そのニーズを理解する過程で，機器の使われる状況，環境，必要とされる理由を知る必要があります。ものづくりを行う人が日常的に接している機器（例えば一般的な家電など）であれば，使われる際のイメージがすぐに浮かびますが，新規の機器の場合や身近にない機器の場合，何が必要とされるのか，何が制約条件になるのかがわかりません。近年，障害者の姿を社会生活のなかで日常的に見かけるようになってきていますが，決してすべての障害者が目に入るわけではなく，また障害者の持つ課題は多種多様なため，一元的な理解は困難です。さらに，障害に対するステレオタイプな理解が，真のニーズの理解を阻害してしまうという社会状況もあるかもしれません。そこに，ものづくり技術者にとってNIFに参加する意義があります。障害者のための自立支援機器開発は，本来のものづくりの原点であり，それを学ぶNIFの活動は，機械工学・ものづくりを学ぶ者にとって非常に良い学びの活動になるのです。

3.1.2　デザイン手法と機器開発の手段

　自立支援機器は，そのニーズの特性から個別性，独自性が高い機器にならざるを得ません。そのため，大量生産されるコンシューマー機器と違って，使用する人，作る人，医療・福祉専門職などのすべての関係者を交えてデザインを行うインクルーシブデザイン手法[1)]，また，短いサイクルで逐次的な開発・評価を繰り返して設計開発を行うアジャイル式の設計開発手法[2)]が適してい

---

1) インクルーシブデザイン手法
　企画・開発の初期段階から，開発された機器を使用する人，作る人，医療・福祉専門職などのすべての関係者を交えてデザインを行うアプローチ。

2) アジャイル式設計開発手法
　すべての機能の設計・開発を一気通貫に行うのではなく，分割された小さな単位を対象に企画・設計・実装・テストまでの一連の開発工程を短いサイクルで繰り返しつつ，全体を完成させていく開発アプローチ。

ます。さらに，近年ではレーザー加工機や3Dプリンターなどの安価な試作モデルの作製手段が普及し，容易に使えるようになっています。また，スマートフォンの普及により，従来では考えられなかったようなコンピュータやインターネットを活用した手段も身近になっています。NIFの参加者は，これらの手法や多様な選択肢を活用することができ，また活用のための情報もネット検索などを利用して容易に収集することができるため，短時間で機器開発まで行うことが可能です。ただし，豊富すぎる手段と情報が，逆に容易な解への到達を阻害することもあるため，参加者には探索と選別の能力が要求されます。

3.1.3　NIF参加者の安全に対する責任

　自立支援機器の開発において，常に注意を払わなければならないのが安全への配慮です。通常，我々が身近に使用している機器によって生命や財産が損害を受けることは少ないです。これは，決して機械が安全であることを意味するのではなく，それらの設計開発の段階で安全に注意を払い，責任を持って販売しているからです。その配慮なしに新たに開発された機器が安全であることは保証されません。機器が使われる環境や使われ方，想定される誤用を理解したうえでのリスクアセスメントを行い，それに基づく本質安全設計をファーストステップとする3ステップ法を用いることが必須です。設計・開発者が安全に対する責任を持つことが機械安全の基本です。NIF参加者には，必ず注意を促す必要があります。

3.1.4　機械装置は選択肢の一つ

　NIFに参加するものづくり分野の参加者が注意しなければならないもう一つの点は，「機械」は選択肢の一つであることを理解することです。また，「機械」だけでは解決できない課題も存在します。前者は，機械が常に解決手段になるとは限らないことを意味します。利用者の生活環境を変えるだけで解決するかもしれないし，周辺環境を変えることで解決する場合もあるかもしれません。後者は，機械とその利用者の生活環境や社会の仕組みを変えることの

組み合わせが必要な状況があるかもしれないということです。したがって，ものづくりを行う参加者は，機器を作ることが必ずしも最善の課題解決手段ではないと意見を述べることもあり得ます。また，機器の開発とともに，その機器を使用する環境や社会制度の変更，支援する人材の育成など，周辺を巻き込んだ組織的な社会実装が必要な場合も想定しなければなりません。これは，自立支援の「支援」にとらわれず，当事者の「困った」をいかに解決するかが最終目標であることを常に意識する必要があることを示しています。ものづくりを行う際には，開発そのものが目的化しやすいため，常に初心にかえることの重要性を指摘しておきます。

3.1.5　NIFの活動の実践にあたっての課題

　教育手法としてのNIFの活動の実践には，大きな課題が二つあります。一つは，NIFの活動を実施する教育者は，当事者をはじめとするインクルーシブなチームを構築する必要があることです。特にものづくり，開発した機器の評価のためには，専門的知識を持つ技術者の参加が必要です。大学などの教育機関のメンバーにとっては，学生や企業の若手技術者の教育は本務としてNIFの活動に参加できますが，企業技術者や研究機関の研究者では，ボランティア・業務外の活動となるため参加に制約があります。開発した機器の評価には，最終的に製品開発，もしくは，その前段階のP.o.C (Proof of Concept：概念実証，実現可能性を示すための試作段階前の検証プロセス）までの開発が望ましいことは明確です。安全や開発・製造コストといった課題が表面化するのも，製品化を意識することで初めて明らかになります。真に使える機器を開発するためには避けて通れません。しかし，そのプロセスの実践にあたっては，参加できる技術者，特に企業技術者の参加を得ることが難しいのです。また，実際にものづくりを行うためには，材料の購入や加工機器の利用などの金銭的な負担が必ず発生します。参加者が高い意識を持つだけでは解決できない問題です。これは，NIFの活動の実践には常に付きまとう課題です。

　NIFの活動は，あくまで人材育成のための仕組みであることにも留意が必要です。NIFの学習教育目標は，「自立支援機器」の開発の流れを参加者が体

験・理解・学ぶことです。そのため，NIF参加者が開発したものは，「製品」ではなく，教育成果としての作品であることをNIFの実施者側全員が理解している必要があります。「製品」としての品質を求めることは重要ですが，「製品」として評価してはいけません。

もう1点は，教育手法としての課題です。教育手法としてみると，NIFの活動は，参加者各々が持つ専門領域の知識を持ち寄って，あたかもジグソーパズルを組み上げるような形で一つの目標を実現するジグソー法[3]となります。しかし，NIF参加者を見ていると，それぞれの参加者に求められる役割が開発の段階が進むにつれて変化することがわかっています。これには二つの意味があります。一つは，それぞれの参加者が求められる技術や役割が開発の段階が進むに従って変化すること。もう一つは，開発の各段階において，各自に要求される役割や技術が変化することです。これらは表裏一体ですが，前者がNIF参加者に自らの立場の修正や新しい技術・知識の習得を促すことにつながるという点でNIFの特長となります。ただし，参加者の動機を削がないようにする配慮が教育者側には必要です。また，後者に関しては，参加者の役割が変化することを見越した事前の準備（例えば，必要とされる技術を持った中途からの参加者・支援者の準備，関連する参考情報の用意など）が教育者側に求められます。

これら二つの課題に対する準備と対応を用意したうえで，NIFを行う必要があります。

3）ジグソー法
　問題を解決するために必要な知識を学習者それぞれが異なる部分しか持っていない場合に，複数の学習者がそれぞれの知識を持ち寄って協力しながら問題を解決することで，協調的な学びを促進する教育手法。

3.2 リハビリテーション工学の視点から見たNIFの特長と課題, 成功へのポイント

3.2.1 学術的視点から

(1) リハビリテーション工学の定義

　リハビリテーション工学 (以後, リハ工学とする) は, ハンディキャップを持つ対象者のリハビリテーションプロセスにおいて, 生活上の課題を解決する工学的アプローチを指す非常に広い応用的学問領域です [1]。手段としては, ハイテクノロジーだけではなくローテクノロジーの活用など, 様々な既存の工学的技術を活用します。リハ工学のルーツは第二次世界大戦後の米国における戦傷者支援に発し, 義手義足の開発とひいては当事者の生活支援, 職業リハビリテーションへという流れがあり, 現在もリハ工学は障害の社会モデルに基づき発展を続けており, 生活を支援する用具・機器の開発・評価・適合など多岐にわたる分野をカバーしています [1]。

　この節では, リハビリテーション・エンジニアをリハビリテーション関連のものづくり分野で活躍する工学的背景を持つ人 (以後, エンジニア) として話を進めます。なお, 日本にはリハビリテーション・エンジニアの独自の資格制度はありませんが, リハビリテーション医療を支える義肢装具士という国家資格があります。義肢装具士のなかには義肢装具の製作だけではなく生活支援機器や自助具を製作する役割を担っている人もいます。

(2) リハビリテーション工学の領域と課題

　リハ工学領域におけるエンジニアの役割は, リハビリテーション領域で複数のユーザーを対象としているソフトウェアやハードウェアの研究開発や製品化などと, 対象者の課題の解決に向けて工学的技術をもって支援する個別

支援の役割に大別されます。

　前者の製品開発については研究機関や企業で多くの試みがなされており，リハビリテーション機器や生活支援機器・装置が開発され，その一部は市販されています。ただし，斬新なアイデアであっても直接的に製品化につながらないケースもありますし，製品化まで至っても臨床で広く使用されるものばかりではありません。この背景として，機器・装置に起因する問題のなかには「（目的とする）臨床ニーズが不明確である」あるいは「（期待されている）臨床ニーズを満たしていない」という致命的な問題を含むものもあります。エンジニアや企業はそれぞれ得意な専門領域，技術を持っているために，その専門性を発揮して製品を作りたいと考えるのは当然の流れです。しかしその専門技術が，ある臨床的なニーズを満たすための最適解ではない場合もあり，費用や労力を費やした挙げ句，製品化まで至らないという残念なケースもあります。このように，医療・福祉分野においてはまず臨床的ニーズを正確かつ具体的にとらえ，開発する機器・装置の使用目的・対象者像を明確化する必要があります。そして，臨床的ニーズを理解するためには，対象者，医師，看護師，理学療法士，作業療法士などから多角的に情報収集を行い，これらのユーザーと共に開発を進めることが早道と言えましょう。

　一方，後者の個別支援の場合については，前者とは異なり，ある対象者の生活課題の解決に向けてチームで協働する形式となります。対象者および医療専門職と連携して進める点は前者と同じですが，個別支援であるために課題やニーズが明確である点が異なります。ただし，対象者の思いだけでも，医学的な知識や技術だけでも，工学の知識や技術だけでも，どの要素が欠けても対象者の生活課題を解決することは困難です。例として，手足を自由に動かすことができない四肢麻痺の人に対する移動支援で，その人が使いやすい操作部を製作し電動車いすに取り付けて移動の自立を支援するケースを考えましょう。このような場合，エンジニアがいきなり操作部の製作を開始するわけではありません。まず対象者の希望を聴取し，医療専門職が疾患，障害や心身の状況を評価し，どの身体部位を使ってどのような操作を行って電動車いすを駆動することができるかを評価することになるでしょう。アイデアをチームで検討し，エンジニアが試作装置を設計，試作品を製作し，安全な状況で対象者

がそれを試用し，利点や改善点についてそれぞれの専門性を生かして話し合いがなされ，最終成果物が生み出されるのです。

エンジニアは，対象者や医療専門職からすると実現したい機能が，工学的視点から可能であるかどうか，どのような工学的手段が最適なのかなどの判断は困難であることを知っておき，必要に応じて情報を提供する必要があるでしょう。そもそも，製品はある一定の環境下，条件下で使用されることを想定して作られています。エンジニアにとってこのことは常識ではありますが，ユーザーはあまり考慮していない可能性もあるので，ユーザーに正しく理解してもらう必要があります。そのためにも，どのようなものを，誰が使うのか，1日何回どこで使用するのかなど，When（いつ），Where（どこで），Who（誰が），What（何を），Why（なぜ），How（どのように）の5W1Hを明確にしてチームで共有しておく必要があります。実際のチーム内での連携場面では認識のずれや誤解が生じることは当たり前ですので，チームの誰かが疑問を持ったらその都度，その疑問を言語化し話し合い，理解を深める作業を行うことが有効な連携体制構築の鍵となるでしょう。むしろこのプロセスは，誤った方向性を訂正する，あるいは新たな工夫を発見する大きなチャンスでもあり，ふと浮かんだ些細に思える疑問でも積極的に共有していきましょう。もちろん，プロジェクトの開始時にこのルールについて全員で確認しておく必要があることは言うまでもありません。

以上述べたように，製品開発の場合も，個別支援の場合でも，エンジニアはユーザーを含めた多様な関係者との連携が必須であり，エンジニアも適切な関係性を構築するための十分なコミュニケーション能力，連携構築に関する知識と経験を積むことが重要と言えるでしょう。

3.2.2　教育的視点から

(1) エンジニアの卵にとってのNIFプロジェクト

前項においてエンジニアにとっても関係者との有効な連携の構築が重要であることを説明しました。ここで問題になるのは，「連携が重要である」こと

を言葉上で理解していても，より有効な連携を実現するためには実践経験が必要であるということです。特に，医療専門職教育では当たり前のようにカリキュラムに配置されている対人支援技術や関係者との連携を学ぶ機会が，多いとは言えないエンジニアの学生にとって，対象者や学生時代に異なる専門性を持つ学生との連携を経験することは非常に大きなメリットと言えます。

NIFでは，スケジュールや打ち合わせ会議の設定は事務局が示し，教員は環境提供と必要と思われる知識や技術の提供をし，ファシリテーターを務めて学生の学習を支援します。特に，成果物の出来高だけを問うわけではなくプロセスを重要視していることは学生にもプロジェクト開始時から周知されており，学生はある意味で，情報収集にせよ，連携にせよ，成果物の製作にせよ，どのプロセスでも安心して失敗することができます。成功体験だけではなく，失敗体験も含めフィードバックを得て振り返り，新たなプランを立てて進むというプロセスが学習経験上非常に重要であることは周知のとおりです。学生にとってこのNIFは専門性を伸ばし能力を発揮する場でもあり，一方で，安心して失敗できる場としての機能もあり，これが他の専門性を持つ学生との連携のなかで経験できる点が良い学習の循環を生み出すと考えられます。

(2) NIFプロジェクトの特長と課題

医療専門職および学生教育で広く採用されている多職種連携教育（Interprofessional Education：IPE）は，問題解決のために複数の領域の専門職（学生）が同じ場所で相互に学びあいながら，互いのことを学ぶプロセスを意味します[2]。NIFでは，この視点が生かされており，学生は多様な専門性を持つ学生や教員との交流を通して学ぶことができます。学生はプロジェクト終了時にこのプロセスにおいて遭遇したどのような困難ごとも無駄ではなかったこと，チームのどの一人が欠けても課題の達成はできなかったことを実感できるでしょう。また，プログラムは成人教育理論であるアクティブラーニングの考え方で設計されており，前提条件である「関心がある」学生が参加しているという点についても成人教育の理論が適合しています。また，NIFでは学生のやる気を後押しするような学習環境を提供しています。ここ

で，成人教育理論の一つである動機づけのコツをまとめた TARGET モデルに沿って，エンジニアの学生について教育上の工夫の例をまとめました [3]。表3.1 に例示したように，NIF は学生の意欲に働きかける仕掛けがプロセスの随所に埋め込まれており，この領域への関心が薄い学生を含め多くの学生にポジティブな影響を与えると考えられます。この仕掛けと関連し，教員は学習環境を整えファシリテーターに徹する必要があり，学生の自由な発想や活動を妨げることのないよう情報収集・分析の方法を含め必要な情報だけ提供し，学生を過剰に誘導しないよう配慮して接する必要があります。教員もファシリテーターとしての修練が必要でしょう。

表3.1 TARGET モデルによる学生の動機へ働きかける工夫の例

Task （課題）	ハンディのある人のニーズを知り，そのニーズを満たすためのものを自由にデザインして作成する。目的とする成果物の工学的技術の提案，設計，製作を多分野の学生と連携して行う。
Authority （権限）	大枠のスケジュールや必要な情報，学習の場は提供されるが，成果物の作成は学生主導で進める。グループ分けは学生個人の関心に応じて選択できる。ファシリテーターは学生たちが必要とする情報は提示するが採用するかどうかの判断は学生が行う。
Recognition （承認）	会議での経過報告，質疑を通して，教員や他の学生による承認，称賛により専門性を確認し，動機づけがなされ，エンジニアとしての専門性を意識し，自信につながる。
Grouping （集団）	関心に応じた多様なメンバーから構成されるグループを作り，各グループで活動する。このプロジェクトでは全グループは競争関係にはないが，他のグループの行動や進捗状況を知ることで動き方のヒントを得たり，動機づけがなされることが期待される。遠隔会議，インターネット掲示板，対面など様々な形式を使用して進行する。チーム内でエンジニアとしての役割に期待が寄せられる。
Evaluation （評価）	報告会や最終的な成果発表会での当事者や有識者からのフィードバックを受ける。フィードバックをもとに改善点を検討することでエンジニアとしての学びが深まる。また，対象者や中間ユーザー，有識者からのコメントを得ることで連携の重要性を再認識する。
Time （時間）	グループ活動では学生自身で計画して時間管理を行う。成果物提出の締め切りを意識して計画する必要があり，エンジニアの学生は成果物製作にかかる工程や時間を他のメンバーへ伝えるなど役割を通してグループ活動に貢献する。

出典：[3] を一部改変

一方，成果物に関する課題では，NIFは年度で完結するプログラムであるため，せっかく良いアイデアが出されてもそのプロジェクトが次に引き継がれない案件も生じます。これは，学生の横の連携はとれていますが，年度ごとでメンバーが入れ替わるシステム上，縦の連携はとりにくいシステムになっていることも影響していると思われます。学生の関心や自由な発想は尊重されるべきですが，良いアイデアが出されれば，それが立ち消えとならないように，次へ引き継ぐ工夫が必要です。また，外部との連携，特に産業界との連携の構築，製品化に関する検討は今後の課題と考えます。

　以上述べたとおり，エンジニアの卵にとってもNIFは連携の実践の場であり，コミュニケーション力を涵養し専門性を意識する大変貴重な機会と考えられます。多くの対象者や医療専門職が心身機能の評価・訓練装置や身体機能を補完する機器・装置を必要としています。NIFが学生の教育活動としてだけではなく，学生の素晴らしいアイデアを多くの人に役立ててもらえる仕組みの一助になればと願っています。NIFを契機として，リハ工学領域で活躍したいと思う若者が一人でも増えることを期待しています。

3.3　アクセシブルデザイン学から見たNIFの特長と課題，成功へのポイント

3.3.1　学術的観点から見たNIFの特長と課題

(1) デザイン

　デザインとは，特定の目的や目標を達成するために物事を計画し，構築するプロセスや方法を指します [4]。デザインには，視覚的なビジュアルデザインや情報デザイン，製品などのプロダクトデザイン，建築や環境デザイン，サービスデザインなどの，人間の体性感覚である視覚，聴覚，触覚，臭覚，味覚

のデザインに関わる様々な領域に適用されるデザイン分野があります。デザインは美的な意匠要素だけではなく，機能性，使いやすさ，効率性なども考慮されます。ピーター・ロウの『デザインの思考過程 (Design Thinking)』[5] が骨子となり，2005年にシリコンバレーのデザイン会社「IDEO」の創設者であるデイビッド・ケリーが，スタンフォード大学に d.school (The Hasso Plattner Institute of Design) を設立しました。このときの d.school の取り組みにより，デザインシンキングの概念はさらに注目を集めるようになります。デザインシンキングはビジネス業界やイノベーションの分野で広く受け入れられ，問題・課題の解決やユーザーエクスペリエンスの向上に役立っています。スタンフォード大学スクールが提唱している「五つのデザイン思考プロセス」は，①共感，②問題定義，③発想，④プロトタイプ，⑤テストの五つのステップで進めます。NIF での教育プログラムにも似た思考となります。デザインは問題解決の手段として用いられ，ユーザーのニーズや要求を満たすために様々な要素を組み合わせます。

そのなかで，アクセシブルデザインは，公益財団法人共用品推進機構 [6] では「高齢者・障害のある人々の利便性を配慮しつつ，健常者の利便性も確保することを目的として，従来の設計を高齢者や障害のある人々のニーズに合わせ拡張することによって，製品，サービス，建物などがそのまま利用できる潜在顧客数を最大限に増やすための設計」と定義されています。障害を持つ人々や異なる能力を持つ人々も含めて，すべての人が製品やサービスを同じように利用できるようにするためのデザインの分野です。2001年に刊行された ISO (国際標準化機構) /IEC Guide71 の標準分野のガイドライン [7] に基づいています。ガイドラインでは七つのデザイン分野と四つの人間機能のマトリックスの表の形式で配慮すべき要素が明記されています [8]。

多様性を包含する高齢者や障害者配慮のデザインの流れとして，1960年代には欧州・米国を中心にノーマライゼーション，1970，1980年代にはバリアフリー，ユニバーサルデザイン，デザインフォオール，トランスジェネレーショナルデザイン，1990年代には日本では共用品，2000年代にはインクルーシブデザイン [9] がありますが，高齢者や障害者の不便さや困難さを解消することを目標とするゴールは同じです [10]。この考え方や手法として，

身体的，認知的，感覚的な制約がある場合でも，それらの制約を考慮して設計された製品や環境を提供することが重要です。アクセシブルデザインの実現のために二つの考え方があります。一つは，製品・環境・サービスが満たすべきシステムデザインの要件です。複数の提示方法や操作方法，わかりやすい表示や操作であること，互換性があることなど人間工学的なシステム要件となります。例えば，エレベータのボタンの数字には点字や音声の案内がありますが，視覚情報に触覚や聴覚情報を付加することで複数または代替表示ができます。シャンプーのボトルにも，シャンプーかリンスかがわかる触覚提示がありますが，晴眼者にとっても役に立つ機能です。二つ目は，多様な人間特性を考慮したユーザーのニーズや機能の変化に適合したデザインの要件です。視覚・聴覚などの感覚障害からの要求や形態・動作・運動障害からの要求，知的障害からの要求，加齢からの要求があります。加齢によって，視力や聴力，体力の低下がありますが，例えば，文字を大きくしたり，テレビの音を対象者にピンポイントで大きく調整できたり，ペットボトルを弱い力でも開けられるようにしたりなど，対象者に合わせた考慮が必要になります。アクセシビリティを重視することで，社会の包括性や多様性を促進し，あらゆる人が自由に参加できる環境を作り出すことが可能となります。アクセシブルデザイン分野から見た福祉と工学と統合する研究は，技術，デザイン，および社会的ニーズを結びつけることを目指しています。

① **特長**

包括的なアプローチ：アクセシビリティを高めるため，様々な分野の専門知識を統合します。これには，工学，福祉，デザインのほか，認知心理学，医学などが含まれます。

ユーザー中心の設計：障害のある人々のニーズや挑戦に焦点を当て，その人々が製品やサービスを利用する際の利便性や快適さを追求します。

技術革新の促進：新しい技術やデザインの手法を導入し，福祉と工学の融合によって，より多くの人々に利益をもたらすことを目指します。

② **課題**

標準化の欠如：アクセシブルデザインの基準やガイドラインが不足して

いることがあります。これは設計の一貫性を欠き，実装の障壁になることがあります。

コストと効率性：アクセシビリティを高めるための設計は，しばしば追加のコストや時間を要することがあり，これが企業や開発者の動機を妨げることがあります。

技術の速い進化：新しい技術が迅速に進歩するなかで，それらを含めたアクセシビリティの確保が追いつかないことがあります。

③ **成功へのポイント**

多様なステークホルダーとの協力：障害のある人々，デザイナー，エンジニア，政策立案者など，異なる専門家の協力が重要です。

ユーザーテストとフィードバック：プロトタイプを対象ユーザーに実際に試してもらい，フィードバックを得ることが重要です。

持続可能性と普遍性の追求：アクセシビリティの実装は一時的なものではなく，長期的な持続可能性と普遍性を追求する必要があります。

アクセシブルデザインと福祉工学の融合は，社会全体に利益をもたらす素晴らしい取り組みですが，様々な課題を克服しながら，持続的な改善と普及を目指すことが不可欠です。

(2) NIF の特長と課題

NIF の最大の特徴は，国立障害者リハビリテーションセンター研究所という国内でトップの研究センターと専門家を抱えた施設での開催であるということです。そこに，福祉，工学，デザインの学生が集まり障害のある当事者のニーズと直接関わり，理解し，役に立つアイデアを創出できる多専攻連携の人材育成教育のプログラムが展開されます。早い学生の段階から直接当事者との関わりが持て，異分野や他大学の学生とのグループ制作により，コミュニケーションスキルや自己の専門分野の向上を自覚できます。短期間での実装や発表会も貴重な体感です。単年度でのプロジェクトが多いため，研究への継続が課題としてありますが，そのなかで NIF のプロジェクトから研究，社会実

装を試みている例を紹介します。

　2017年のNIFプロジェクトの一つ，車いす使用者の屋外での活動を促進する課題に対し，車いすにセンサーをつけ，床面の色に対応した音を出すシステム「車いす楽器」[11]がありました。この試作を継続し，9軸の加速度センサーや小型カメラなど様々なデバイスを装着した車いす楽器や通信と連携し移動量の可視化ができるシステムへ，また2020年よりローカル5Gと連携したもの，ARや遠隔操作，自動運転の車いすなどへの研究[12]へと発展しています。NIFからスタートした種が，継続した研究により企業とも連携した社会実装やイノベーションへの創発へと広がりつつあります。プロジェクトや研究への継続と，社会実装のための企業を含めた組織づくりへの発展が期待されます。

3.3.2　教育的観点から見たNIFの特長と課題

(1) デザイン教育

　2023年時点での大学でのデザイン教育は，平面表現のビジュアル，情報デザイン，Webデザインやアプリケーション，CG，立体や空間表現としてプロダクトデザインや3D CAD，サービスのデザイン，人間工学，IoT技術としてプログラミング言語や電子工作，VR，AIなど，情報にも力を入れた教育を行っています。特にアクセシブルデザイン教育は，デザインと福祉と工学の融合を重視し，そのプログラムにはいくつかの特長や課題，成功のポイントがあります。

① 特長
　総合的なカリキュラム：デザインに加え，福祉と工学の両方の側面をカバーするカリキュラムが特徴です。意匠としてのデザイン一般をはじめ，ユニバーサルデザイン，人間工学，バリアフリーデザインなどのコンセプトを包括的に学びます。
　実践的なアプローチ：実際の課題に取り組むことで，実践的なスキルを

養います。ユーザビリティテストやフィールドワーク，プロトタイプの作製などが含まれます。

産業界とのパートナーシップ：産業界との連携や業界経験を取り入れることで，実践的な洞察や技術を学ぶ機会を提供します。

② 課題

多様な知識領域の統合：福祉と工学の知識を統合することは，多岐にわたるため，カリキュラムの統合や調整が必要です。

実践的なリソースの制約：実践的な学習を支援するためのリソースや設備が限られている場合があり，それが学習の障害になることがあります。

教員のスキルと経験の確保：福祉と工学の両分野を理解し，教える能力を持つ教員の確保が課題となります。

③ 成功へのポイント

産学連携と実践的なプロジェクト：産業界とのパートナーシップを強化し，実践的なプロジェクトや業界の問題解決に取り組むことで，学生の実践的なスキルを向上させます。

学際的なアプローチとチームワーク：異なる分野の学生や専門家とのコラボレーションを奨励し，学際的な視点を持つことで，より総合的な解決策を見つけることができます。

カリキュラムの柔軟性と更新：変化する技術や福祉のニーズに応じて，カリキュラムを柔軟に更新し続けることで，最新の知識とスキルを提供できます。

これらのポイントを考慮に入れながら，デザインと福祉と工学の融合プログラムを設計し，学生が実践的なスキルを身につけ，将来の課題に対処できるようにすることが重要です。

(2) NIF の特長と課題

NIF では，毎年開催される教育プロジェクトとしてユニークな試みを展開

しています。参加メンバーの大学や専門分野内のスキルも異なるため，分野で使用する言語の違いや専門性の違いや作法の気づきがあります。当事者へのインタビュー，短い期間での実装と発表は，貴重な体験です。デザイン分野からは，全体の俯瞰した総合的なデザイン設計やものづくりの試作や実装，プレゼンテーション方法やアウトプット表現，実装した後の実証実験やもう一巡して当事者の方への体験などを通じた改良など体験します。この体験が修了後も何か自身の糧となることを期待します。自分の専門分野を高め，極め，異分野の人と協力して共同作業ができる人材の育成も期待できます。加えて自分の専門以外のそれぞれ異なった分野の知識やスキルも習得し，複数の融合分野を理解できる人ならではの新たな視点や解決方法の提案ができる人材が育つことも期待します。教育プログラムとして，NIFのプログラムを大学教育の一環として継続した教育プログラムに組み込む大学もあり，多年度にわたる学生の育成が期待されます。また，自由な個人参加，当事者自ら開発し提案する多様な教育プログラムや社会実装のための企業からの参加など，今後も教育プログラムとしてのNIFの活動に期待します。

▌3.4 リハビリテーション科学から見たNIFの特長と課題，成功へのポイント

3.4.1 学術的観点から見たNIFの特長と課題

(1) リハビリテーションとは

リハビリテーションという言葉の語源はhabilis（ハビリス：適した）というラテン語に由来するhabilitare（ハビリターレ：適合させる）という動詞にre（リ：再び）という接頭語が付いたものだと言われています[13]。「再び適した状態になる」という意味があり，リハビリテーションとは人間が何らかの

原因によって適切でない状態になったときに，それが「再び適した状態になる」こととらえることができます [14]。中世のヨーロッパでは，領主や協会から破門されたものが許されて復権することを意味していたと言われ，人間の権利や尊厳の復権という意味合いで用いられてきた歴史があります [13]。このような背景から，リハビリテーションとは広く全人間的復権を意味する言葉であり，共通理念として受け継がれてきたと言えるでしょう。

　現代のリハビリテーションに関して，1981年にWHO（世界保健機構）は「リハビリテーションは，能力低下やその状態を改善し，障害者の社会的統合を達成するためのあらゆる手段を含んでいる。リハビリテーションは障害者が環境に適応するための訓練を行うばかりでなく，障害者の社会的統合を促す全体として環境や社会に手を加えることも目的とする。そして，障害者自身・家族・そして彼らの住んでいる地域社会が，リハビリテーションに関するサービスの計画と実行に関わり合わなければならない」と定義しています [15]。また同年に日本の厚生白書では，「リハビリテーションの理念の根底には，すべての障害者は一人の人間としてその人格の尊厳性を回復する可能性をもつ存在であり，その自立は社会全体の発展に寄与するものであるという考え方がある。すなわち，リハビリテーションとは障害者が一人の人間として，その障害にもかかわらず人間らしく生きることができるようにするための技術及び社会的，政策的対応の総合的体系であり，単に運動障害の機能回復訓練の分野だけをいうのではない」と述べられました [16]。

　また，2023年1月のWHOにおけるリハビリテーションの要点では，「リハビリテーションは，健康状態に問題のある個人の機能を最適化し，環境との相互作用による障害を軽減するためにデザインされた一連の介入」と定義されています [17]。2001年のWHO総会にて採択された国際生活機能分類（ICF）では，個人の人生と生活に関する背景因子の一つとして環境因子が示され，これは人が生活し人生を送っている物的な環境や社会的環境，人々の社会的な態度による環境を構成する因子のことだと述べられています。また，この因子は個人の外部にあり，その人の社会の一員としての実行状況，課題や行為の遂行能力，心身機能・構造に対して，肯定的な影響または否定的な影響を及ぼしうると述べられています [18]。砂原茂一 [13] は，リハビリテーションには，

①医学的リハビリテーション，②職業的リハビリテーション，③社会的リハビリテーション，④心理的リハビリテーション，⑤教育的リハビリテーションの五つの領域があると述べていますが，NIFから得られる学びはニーズに基づき障害のある人の行為や遂行に肯定的な影響を及ぼす環境因子となることから，リハビリテーションの領域に包括的に資する可能性があると考えられます。

(2) 障害のある人の生活を理解すること

　NIFではこれまで多くの障害のある当事者からニーズの提供を受けました。振り返ると，脳血管障害の後遺症による片麻痺，脊髄損傷による四肢・体幹の機能障害，ポリオ後遺症，高次脳機能障害，視覚障害，聴覚障害，発達障害などのある方からの，障害による生活上の困難や，こんなモノがあったらよいというニーズに取り組んできた経緯があります。最初に参加学生が直面するのは，障害について理解することの難しさです。例えば，脊髄損傷とは何かということについても，医療・福祉系の学生は専攻での学びと臨地実習などの経験から相応の理解ができますが，工学系やデザイン系の学生にとってはこれまで接してきていない学問領域になります。また，本当に役に立つものづくりには，障害だけでなく障害のある人の生活について理解することが求められます。障害とは，その発生機序や一般的な症状，予後などから一定の共通知識を得ることが可能ですが，同じ障害名でも実際その障害像は個人により多様です。また，生活の文脈を含めて考えると非常に個別性が高く，その状況理解と同時にニーズの実現可能性を推察しながらの議論が必要になります。NIFでは実施期間の前半において特にこの部分に時間をかけており，学生は障害のある当事者に直接インタビューを実施し，必要に応じ困難な活動を再現してもらうなど観察も行うことで，生活者としての障害のある人の視点に立ってアイデアを形にするプロセスを進めます。役立つモノがあるということは，ICFで健康を考える際には環境要因にあたり，障害のある人のニーズを叶えることにつながります。

(3) 障害者に関する施策との関連

　リハビリテーションと障害者の人権の関連について前項で述べましたが，障害者の権利に関しては2006年に障害者権利条約が国連で採択され，日本は翌年に署名，2014年1月に批准し，「障害に基づくあらゆる差別を禁止」「障害者が社会に参加し，包容されることを促進」することなどが定められました[19]。また2016年4月には，障害者差別解消法が施行され（2021年改正），ひとりひとりの障害者に対して必要な合理的配慮を行うこと，社会のなかにあるバリアを取り除くために何らかの対応を必要としている意思表明があったときに，負担が重すぎない範囲で対応することなどが定められ[20]，学校においても理学療法士，作業療法士などリハビリテーションに関わる専門家は障害の状態を踏まえた指導の方法などについて指導助言に関わることも述べられました[21]。

　NIFにより醸成される学生の資質は，将来リハビリテーションに直接的に関連するキャリアでなくとも，社会の一員としてこれからの日本の障害者関連施策にも貢献し，障害がある人も障害がない人も誰もが安心して暮らせる社会の実現に欠かせないコンピテンシーとなると確信します。

(4) NIFの特長と課題

　歴史から読み取るリハビリテーションの理念や定義，近年の障害者に関連する施策は，いずれも障害がある人もない人も，互いにその人らしさを認め合いながら共に生きる社会の実現という共通の目標につながると考えられ，それは容易なことではないかもしれませんが私たちの未来社会のあるべき姿に向かっていると思います。

　NIFの理念は，障害のある人のニーズを理解し本当に役に立つアイデアを創出できる多専攻連携の人材育成教育であり，障害者が家庭や地域社会での生活，職業に適応・参加できるように支援する社会的リハビリテーションの発展に寄与することが大きく期待されることが特長です。一方で，課題としてはリハビリテーション科学に関する学びを得る時間をプロジェクトの期間中に十分に確保することの難しさがあり，短期間かつオンライン併用の状況で

効果的に参加学生の学びを深めるには，教員側の手法の検討も今後継続して考える必要があると思われます。

3.4.2　教育的観点から見たNIFの特長と課題

(1) リハビリテーション科学に関する学び

リハビリテーション科学は，障害がある人がその人らしく生きる権利を回復するための学問的基盤となる学びです。学びの枠組みを大きく分けると，人間についての学び，疾病や障害についての学び，環境についての学びがあるととらえられます。NIFはおよそ5か月程度の期間に，毎月の全体ミーティングを実施し，そのほかの時間は学生の自発的なグループワークにより構成されています。全体ミーティングでは教員から専門的知識を参加学生に提供する機会を設けており，ニーズを有する当事者の疾病や障害構造の理解，ニーズにマッチするアイデア創出の基礎，製品開発の基礎，そしてNIF全体の理念などを，参加学生が網羅的に学ぶ機会となっています。また，ニーズを有する障害のある当事者へ直接学生がインタビューする機会を設定し，ニーズがその人の生活においてどのように生じるのかを5W1H【When（いつ），Where（どこで），Who（誰が），What（何を），Why（なぜ），How（どのように）】の視点でできるかぎり深く理解することで，単にモノに焦点を当てるのではなく，その人の生活と生活環境をイメージしたうえで，環境との相互作用のなかで生じているバリアに気づき，問題解決の過程を経て，実際に生かされるアイデアを創出することにつながるプロセスが重要です。このように概観すると，短期集中的ではありますがリハビリテーション科学の学びのプロセスを経験していることがわかります。また，学生どうしの自発的なグループワークは，リハビリテーションで最も重要な専門職間連携の質を高めるコミュニケーションスキルの向上につながっています。多専攻の学生は，それぞれの専門用語を扱いますが，連携の際にはその専門用語を他者が容易に理解できるよう翻訳し言語化して伝えるスキルが必要です。NIF参加学生の毎年のレポートには，ほとんどの学生が開始当初のコミュニケーションに困難を感じたことと，回数を

重ねるにつれて伝える技術を修得したことを述べていることから，この点は NIF の教育的強みだと言えるでしょう。また，他者に自分の考えや意見を伝えるという作業は，学生各自が自分自身の専門性を客観視する機会にもなり，メタ認知の向上につながる点も教育効果として貴重です。加えて，リハビリテーション科学の視点に立ち帰れば，社会的リハビリテーションは障害がある当事者を取り巻くすべての人々の連携によって成り立つという視点にも気づく最良の機会であることは間違いありません。

（2）課題と成功へのポイント

　NIF には教育的観点から大きな魅力があり，多くの学生に参加してもらいたいところですが，一方で，多専攻学生連携としてバランスよく各グループメンバーが配置できるような参加学生の確保や，学生間のモチベーションのバランス，参加期間のすり合わせ，開始から最終発表会までのタイムスケジュール調整，予算管理や研究倫理を含め全体を統括する事務局の機能など，毎年のプロジェクトを完遂するために必要な要素は多く，年度によってはコミュニケーションが不十分となるグループが出るなど課題も見られます。一方で，これまで継続できた成功のポイントとしては，国立障害者リハビリテーションセンター研究所が核となり，障害のある人の支援機器関係のものづくりに関する人材育成として取り組んできた背景があると思います。この土台があるからこそ，すべての学生と教員が本務と並行しながらも参加する NIF の形式が実現できたと確信しています。

3.5 学校教育・特別支援教育におけるICTなどの支援技術・機器の開発・利活用の動向と課題

3.5.1 学校教育とICTなどの利活用

　学校教育においてはこれまで，特に障害・疾病などを有する子どもの学習支援として，子どもひとりひとりの障害・疾病の特性，発達や支援ニーズに応じたICT支援機器などの利活用や教材・教具を開発してきました。特別支援教育では障害当事者の生活・学習支援のためのICT利活用を「技術的支援方策（Assistive Technology：AT）」と総称しますが，これは障害・疾病などに伴う各種の不利・障壁を機器支援によって改善しようとする考え方です。

　2008年9月に施行された「障害のある児童及び生徒のための教科用特定図書等の普及の促進に関する法律」（通称：教科書バリアフリー法）に基づき，拡大教科書・点字教科書・学習者用デジタル教科書やマルチメディアDAISY教科書の作成も促進されています。紙の教科書を読むことが困難な子どもには音声でその内容を読み上げる教科書（音声教材）が無償で提供されるのも，この法に基づくものです。

　また，2019年4月1日施行の「学校教育法等の一部を改正する法律」により，従来は小中高校などの授業では紙の教科書を使用しなければならない（教科書の使用義務）とされていましたが，①小中高校などにおいてデジタル教科書がある場合には，教育課程の一部において，通常の紙の教科書に代えてデジタル教科書を使用できること，②視覚障害・発達障害などの事由により通常の紙の教科書を使用して学習することが困難な児童生徒に対し，教育課程の全部において通常の紙の教科書に代えてデジタル教科書の使用が可能となっています。

　さらに障害・疾病などに伴う入院・在宅療養のために通学による教育が困難な児童生徒に対して，ICT機器・ロボット技術・情報通信システムを活用

した遠隔教育システムも実施されています。

　こうした動向を踏まえて，本節では，学校教育・特別支援教育におけるICTなどの支援技術・機器の開発・利活用の動向を概観し，NIFに要請されている支援機器の開発の課題を検討します。

3.5.2　特別支援教育におけるICTなどの支援技術・機器に係る施策の動向

　2006年に国連総会において採択され，日本では2014年に批准した「障害者の権利に関する条約」の第4条では，支援機器に関して「(g) 障害者に適した新たな機器（情報通信機器，移動補助具，補装具及び支援機器を含む。）についての研究及び開発を実施し，又は促進し，並びに当該新たな機器の利用可能性及び使用を促進すること。この場合において，締約国は，負担しやすい費用の機器を優先させる。(h) 移動補助具，補装具及び支援機器（新たな機器を含む。）並びに他の形態の援助，支援サービス及び施設に関する情報であって，障害者にとって利用しやすいものを提供すること」と規定しています。

　「障害者の権利に関する条約」の締結に向けた国内法制度の整備の一環として2013年に制定された「障害を理由とする差別の解消の推進に関する法律」（2016年施行，2021年改正）では，合理的配慮の例として意思表示・コミュニケーションの支援サービスや円滑な情報取得・利用・発信のための情報アクセシビリティの向上などが示され，例えばタブレット端末などの支援機器の積極的な活用が目指されています。

　また，中央教育審議会初等中等教育分科会（2012年）の報告では「教育の情報化を推進するに当たっては，デジタル教科書・教材について，障害の状態や特性などに応じた様々な機能のアプリケーションの開発が必要である。さらに，情報端末などについては，特別な支援を必要とする子どもにとっての基本的なアクセシビリティを保証することが必要である」とともに，表3.2のように「障害の状態等に応じた情報保障やコミュニケーションの方法について配慮するとともに，教材（ICT及び補助用具を含む）の活用について配慮する」ことが要請されています [22]。

表3.2 情報・コミュニケーションおよび教材の配慮

視覚障害	見えにくさに応じた教材及び情報の提供を行う（聞くことで内容が理解できる説明や資料，拡大コピー，拡大文字を用いた資料，触ることができないもの（遠くのものや動きの速いもの等）を確認できる模型や写真　等）。また，視覚障害を補う視覚補助具やICTを活用した情報の保証を図る（画面拡大や色の調整，読み上げソフトウェア　等）
聴覚障害	聞こえにくさに応じた視覚的な情報の提供を行う（分かりやすい板書，教科書の音読箇所の位置の明示，要点を視覚的な情報で提示，身振り，簡単な手話等の使用　等）。また，聞こえにくさに応じた聴覚的な情報・環境の提供を図る（座席の位置，話者の音量調整，机・椅子の脚のノイズ軽減対策（使用済みテニスボールの利用等），防音環境のある指導室，必要に応じてFM式補聴器等の使用　等）
知的障害	知的発達の遅れに応じた分かりやすい指示や教材・教具を提供する（文字の拡大や読み仮名の付加，話し方の工夫，文の長さの調整，具体的な用語の使用，動作化や視覚化の活用，数量等の理解を促すためのカードや文字カード，数え棒，パソコンの活用　等）
肢体不自由	書字や計算が困難な子どもに対し上肢の機能に応じた教材や機器を提供する（書字の能力に応じたプリント，計算ドリルの学習にパソコンを使用，話し言葉が不自由な子どもにはコミュニケーションを支援する機器（文字盤や音声出力型の機器等）の活用　等）
病弱	病気のため移動範囲や活動量が制限されている場合に，ICT等を活用し，間接的な体験や他の人とのコミュニケーションの機会を提供する（友達との手紙やメールの交換，テレビ会議システム等を活用したリアルタイムのコミュニケーション，インターネット等を活用した疑似体験　等）
言語障害	発音が不明瞭な場合には，代替手段によるコミュニケーションを行う（筆談，ICT機器の活用等）
自閉症・情緒障害	自閉症の特性を考慮し，視覚を活用した情報を提供する（写真や図面，模型，実物などの活用）。また，細かな制作等に苦手さが目立つ場合が多いことから，扱いやすい道具を用意したり，補助具を効果的に利用したりする。
学習障害	読み書きに時間がかかる場合，本人の能力に合わせた情報を提供する（文章を読みやすくするために体裁を変える，拡大文字を用いた資料，振り仮名をつける，音声やコンピュータの読み上げ，聴覚情報を併用して伝える等）
注意欠陥多動性障害	聞き逃しや見逃し，書類の紛失等が多い場合には伝達する情報を整理して提供する（掲示物の整理整頓・精選，目を合わせての指示，メモ等の視覚情報の活用，静かで集中できる環境づくり　等）
重複障害	（視覚障害と聴覚障害）　障害の重複の状態と学習の状況に応じた適切なコミュニケーション手段を選択するとともに，必要に応じて状況説明を含めた情報提供を行う（補聴器，弱視レンズ，拡大文字，簡単な手話の効果的な活用等）

出典：[22], 別表3・1-2-1

3.5.3 見ることに困難を有する子どもに対する ICTなどの支援技術・機器

　視覚障害を有する子どもも，スマートフォン・タブレット端末などのアクセシビリティの向上により，ICT・デジタル機器に親しむ機会が増えてきています。日常生活でもデジタル機器に接している子どもは，学校でもタブレット端末などを利用したデジタル教科書利用の意向を強く持ち [23] [24]，日本視覚障害団体連合（2020年）の調査によればデジタル教科書利用を期待して視覚障害特別支援学校に就学した子どもも少なくないことが示されています [25]。

　特別支援学校学習指導要領には「視覚補助具やコンピュータ等の情報機器，触覚教材，拡大教材及び音声教材等各種教材の効果的な活用を通して，児童が容易に情報を収集・整理し，主体的な学習ができるようにするなど，児童の視覚障害の状態等を考慮した指導方法を工夫すること」と記述されており，視覚障害児の教育における ICT機器・情報機器の利用を求めています [26]。

　点字表示装置，スクリーンリーダー，自動点訳ソフトによる点字のデジタル化の進展，スマートフォン・タブレットなどによる読み上げ機能などの活用によって，視覚障害当事者も多様な情報アクセスが可能となり，QOL（生活の質）も向上しています [27]。さらに地図アプリとの接続，危険防止機能のあるデジタル白杖の開発，OCR（光学文字認識）や顔認識をして音声で教えてくれる眼鏡装着型小型カメラデバイスなど，一人での外出を可能にするデジタル機器の開発もなされています。

　それらの技術革新を象徴するのが，図3.1のように，日本科学未来館館長（IBMフェロー）で，自身も視覚に障害のある浅川智恵子およびそのチームが推進する視覚障害者誘導ロボット「AIスーツケース」です [28]。これは視覚障害当事者が自立して街を移動し，日常活動をスムーズに行うためのナビゲーションロボットの開発であり，社会実装の期待がとても大きいものです。

画像提供：日本科学未来館

図3.1 AIスーツケースと浅川智恵子日本科学未来館館長

3.5.4 聴くことに困難を有する子どもに対するICTなどの支援技術・機器

聴覚障害当事者に対する支援技術は，ICTを活用した手話認識，手話映像合成などの手話の応用技術，情報保障に関連する音声認識技術，要約筆記・字幕などがあります[29]。

特別支援学校学習指導要領では，聴覚障害教育におけるICT活用に関わり「コンピュータ等の情報機器などを有効に活用し，指導の効果を高めるようにすること」，具体的には教科書などの拡大表示（電子黒板・大型ディスプレイ），校内放送の「見える化」（大型ディスプレイ），緊急地震速報・非常ベルとの連動などが有効とされています[26]。また，授業中の発話を「見える化」するものとして，文字変換ソフトウェアなどを活用し，リアルタイムでの共同学習にも取り組まれています。

補聴器・人工内耳などを装用し，話し言葉でのやり取りができる子どもの場合も，周囲の騒々しさや反響などの音環境によっては聞こえにくくなり，授業中のコミュニケーションや内容理解にも支障が生じることがあるため，教師の話声を子どもの補聴器・人工内耳などに直接届ける補聴援助機器などを使用する必要があります[23][24]。

3.5.5 認知や学習に困難を有する子どもに対する ICTなどの支援技術・機器

　知的障害などにより言語表出やコミュニケーションに困難を抱える子どもに対してはこれまで，シンボル・文字盤・スウィッチなどのAAC（Augmentative and Alternative Communication：拡張代替コミュニケーション）やVOCA（Voice Output Communication Aids：音声出力コミュニケーションエイド）などの機器が活用されてきました。

　それらと比較して，知的障害対応の学習用ソフトウェアはきわめて少なく，また学習特性が多様であるために，市販の学習用ソフトウェアでは適合しない状況も見られます。国立特別支援教育総合研究所も，知的障害教育において中重度の知的障害児童生徒に対するICT活用やICT環境整備は十分ではなく，「デジタル教科書の作成を公的機関によって行うこと」「デジタル教材の開発，個々のニーズに合わせるカスタマイズ機能，これらを使った効果的な指導プログラムの開発」などの必要を指摘しています[30]。

　中邑賢龍は，知的障害の機能障害の特定とその障害の直接的代替は困難ですが，しかし表3.3のように，現在の情報端末機能が知的障害支援にも十分に活用できることを指摘するとともに[31]，知的障害に伴う困難を支援機器により軽減する「矯正知能」という考え方を提起しています[32]。

表3.3　情報端末にある知的障害支援機能

困難	情報端末のなかの機能
読み	電子図書・読み上げ・拡大・ルビふり・辞書
書き	ワープロ・カメラ・音声録音
計算	電卓・電子マネー・金銭管理
記憶	カメラ・音声録音・メモ・辞書・インターネット
思考	マッピングソフト
見通し	スケジューラ・タイマー
注意	リマインダー・メモ
地理定位	GPS
会話	チャット・電子メール・カメラ・音声録音

出典：[31] より作成

文部科学省は，学習障害（Learning Disabilities）を「基本的には全般的な知的発達に遅れはないが，聞く，話す，読む，書く，計算する又は推論する能力のうち特定のものの習得と使用に著しい困難を示す様々な状態を指すものである。学習障害は，その原因として，中枢神経系に何らかの機能障害があると推定されるが，視覚障害，聴覚障害，知的障害，情緒障害などの障害や，環境的な要因が直接の原因となるものではない」と定義しています [33]。

　学習障害当事者の支援では，例えば図3.2のように，読み取り困難におけるコンピュータの読み上げ機能などの利用，書字困難におけるキーボード入力，タブレット型端末のフリック入力，口述筆記のアプリケーションなどの利用についての学習が有効です。

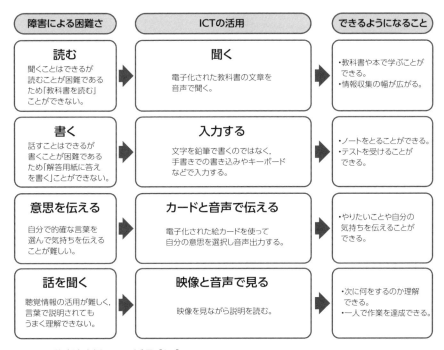

図3.2　発達障害児とICT活用 [34]

3.5.6 感覚情報処理障害を有する子どもの 支援技術・機器

　感覚情報処理障害（Sensory Processing Disorder：SPD）とは，騒がしい場所でとても不快になったり，衣類の肌ざわりがとても気になったり，反対に怪我・火傷などの身体の痛みに気がつかず手当・治療が遅れてしまうというような状態のことを指します。視覚，聴覚，嗅覚，味覚，触覚，前庭覚（平衡感覚），固有覚（身体認識）などの感覚が過剰に反応することを感覚過敏，反応が顕著に弱いことを感覚の低反応といいます。

　その原因は未解明ですが，脳の「辺縁系・視床下部」における感覚情報処理の障害ではないかと考えられています。感覚情報処理の困難と発達障害には相関関係があり，特に自閉症スペクトラム障害（ASD）では幼児期から感覚過敏・低反応が見られることが多くあります。感覚情報処理の困難は生理学的特性であるとともに，「安心・安全」という環境的要因や「不安・緊張・ストレス」などの心理的要因からも影響を受け，症状は大きく変化します [35]。

　視覚情報処理障害の典型としての「アーレンシンドローム」は，先天的に光の感受性が高いために光が異常にまぶしい，文字が動いて見える，目がとても疲れやすいなどの症状です。これは入力光の情報処理に関わる視知覚困難と考えられていますが，支援方法としてはカラーレンズ・カラーフィルムの使用などが挙げられます [36]。

　聴覚情報処理障害（Auditory Processing Disorder：APD）とは「聞こえている」のに「聞き取れない」「聞き間違いが多い」などの症状であり，通常の聴力検査では異常が発見されないこの症状は，耳から入った音情報を脳で処理して理解する際に何らかの障害が生じる状態と考えられています。国際的には「聞き取り困難症（Listening Difficulties：LiD）」という用語使用が多くなり，従来のAPDは「LiD/APD」として表記されるようになってきています [37]。

　聴覚情報処理障害の典型の聴覚過敏の場合には，イヤーマフ・ノイズキャンセリング・耳栓などを着用して大きな音・雑音を防ぐことが有効であり，近年では聴覚過敏に対する社会的取り組みも少しずつ広がっています。例え

ば「クワイエットアワー」は，音・光などの感覚過敏を有する人が過ごしやすいよう店舗・施設の音・照明を調整する時間のことであり，「休園日を活用した静かな動物園」「音のない水族館」などもその実例です[38]。

　学校・児童福祉施設や公共施設を中心に，落ち着くための特別なスペースである「センサリールーム」「スヌーズレン」も広がりつつあります。スヌーズレンとは，図3.3のように，光・音・におい・振動・感触・動き・揺れなどの多様な感覚が体験できる環境のなかで，活動的に探索したり，ゆったりとくつろいだりする活動のことですが[39]，スヌーズレンにおいて重視される知覚の最適化の方法論は，身体障害・発達障害・精神障害・認知症などを含み，子どもから高齢者までの広範囲にわたる人々のリラクゼーション・QOL向上・発達促進などとして活用され始めています[40]。

図3.3　スウェーデン・ストックホルムのレイマシ特別幼稚園のスヌーズレン（筆者撮影）

3.5.7　肢体不自由を有する子どもに対するICTなどの支援技術・機器

　肢体不自由を有する子どものコンピュータ活用の際の大きな課題は入力の問題であり，代替の入力装置として「大型の50音キーボードやタブレット型コンピュータのキーボード，画面上に表示されるスクリーンキーボードなど

文字入力を支援する機器，ジョイスティックやトラックボール，ボタン型のマウスなどマウス操作を支援する機器，視線入力装置」などの機器があります[41][42]。

なかでも視線入力装置は肢体不自由教育において利用されるようになり，重度重複の肢体不自由を有する子どもの場合でも視線入力の有効性が確認され，支援機器としての期待は大きいものです。しかし課題として，普及が十分でないこと，装置導入や導入後のメンテナンス，子どもに即した指導を行うための教材・ソフト不足などが指摘されています[43]。

図3.4 「視線入力装置を使って友だちに手紙を書こう」の授業風景より（秋田県立秋田きらり支援学校Webサイト）[44]

図3.5 岡山ロボケアセンター「キッズ運動プログラム」[45]

また，歩行や姿勢保持などの運動機能に障害を有する肢体不自由当事者の歩行支援において，ロボットスーツの活用も期待されています。例えば，日本で開発された世界初の装着型サイボーグ（機能回復ロボット）「HAL」は，装着した人の身体機能を強化・拡張・補助するロボットスーツであり，麻痺などで動かない神経や筋運動を補助し，歩行や移動を支援するものです。子どもが自分の意思で歩くことは身体の機能改善・変形予防のほか，興味・関心を広げ，発達促進の可能性やQOLの向上においてきわめて重要です。

3.5.8 病気療養中の子どもに対するICTなどの支援技術・機器

　近年の病弱教育では，入院・治療のために外出・身体活動が制限されている場合でもICTの利活用で遠隔教育が実施され，学習機会の確保が促進されつつあります[46]。五島脩による近年の病弱教育実践で使用されているICT機器類の整理では（表3.4），各種のデバイスだけでなく，遠隔授業システムやアプリ・支援ロボットなどの多様化も進んでいます[47]。

表3.4　近年の病弱教育で使用されているICT機器類

種類	名称
各種デバイス	タブレット (iPad)，ノートPC，スレートPC，Wi-Fiルーター，モバイルプロジェクター，Webカメラ，360°カメラ，リモートカメラ，リモート顕微鏡，ミニプリンター
遠隔授業システム	ワークウェルコミュニケーター，Skype，G Suite for Education，Zoom，OmniJoin，Googleハングアウト，協同学習システム「コラボノート」
アプリ	ロイロノート・スクール，MetaMoji
ロボット	kubi，OriHime，パロ
その他	多地点接続装置・MCU，セキュリティソフト，ベッドサイド学習セット

出典：[47] より作成

　近年，病弱教育においては分身ロボット・テレプレゼンスロボットの導入も試みられており，その代表的なものにオリィ研究所の「OriHime（オリヒメ）」があります。それはインターネット・カメラ・マイク・スピーカーを駆使し，「その場にいる」ようなコミュニケーションを目指した遠隔操作ロボットです[48]。

　今川由紀子は，2017年より鳥取大学医学部附属病院の院内学級に分身ロボット「OriHime」が導入された事例を紹介し，ロボットを通して花火や登山を楽しむ様子から「院内学級の生徒たちがそれぞれの学校に戻るために，ロボットでの交流でワンステップを踏めることは，生徒たちの不安を和らげる効果につながる」と指摘しています[49]。同病院小児病棟の院内学級「ひまわり」では，女児（小学1年生）の机上のタブレットに約1 km離れた鳥取市立就

将小学校1年のクラスが映し出され，女児は「みんなが，手をあげて，いっぱいはっぴょうしていました。わたしも，1かいはっぴょうしました。ちょっときんちょうしました。でも，だれかが，はくしゅをしてくれたので，うれしかったです」と参加できたことの喜びを表現しています[50]。

写真提供：つなぐプロジェクト

図3.6 入院している子どもの分身（代わり）となって教室にいる分身ロボット「OriHime」（写真中央）

五島は病弱教育におけるICT利活用の課題として「ICT機器等は，あくまでも児童生徒の入院治療による活動の幅や行動の制限から生じる学習活動の困難さや物理的障壁の軽減をはかる手段・ツールであって，それを使うこと自体が目的になってはいけない」と指摘しています[47]。今川も「ロボットが絶対の手段ではない。一人ひとり子どもの性格が違うように，その子その子に合ったICTがあり，選択が必要である」と述べていますが[49]，子どもの実態や支援ニーズに応じたICT利活用のあり方の検討が課題となっています。

3.5.9 おわりに

本節では，学校教育・特別支援教育におけるICTなどの支援技術・機器の開発・利活用の動向を概観し，NIFに要請されている支援機器の開発の課題を検討してきました。

岡野由美子は，ICTを障害特性に応じて適宜活用するためには「障害のある児童生徒が自分の困難を自己認識し受容していることが大切で，そのつまずきに対する支援ツールであることを理解し，その上で，その学び方を自己選択，自己決定できるような配慮が大切である」と指摘していますが[51]，そのためには障害・疾病などを有する子どもの支援ニーズの十分な把握を踏まえたICTなどの支援技術・機器の開発が不可欠です。

　以上に検討してきたように，ICTなどの支援技術・機器の利活用については，子どもの発達保障やQOLの向上という視点から，当事者の支援ニーズや評価を踏まえて検証していくことが強く求められています。

第

4

章

情報共有の 観点から見たNIF： 当たり前のことを知る

▌4.1 当たり前のこととは

　この章では，ニーズをかなえるために，人が「当たり前」に行っている，日常生活活動の場面を個別に提示し，当事者側の情報の課題と開発者側の課題の2つの側面からとらえ，工程順に話を進めていきます。

　「当たり前」とはどういうことかを，当事者の日常生活活動上の行為の，どの部分が壁となっているのかを，使用する語句の意味を含め，情報を共有するための過程を経ながら取り組むことが，課題解決に向かうことでの大きなポイントになると考えます。

　当事者の抱える課題を理解するには，具体的には，健常者であるメンバーには，医学的側面からの状況を共有することが必要となりますし，異なる領域から集まった学生と，情報共有するために，お互いの分野の特徴を知ったうえで連携していくことが重要となります。

　特に，誰もが日ごろ「当たり前」と無意識に行っている日常生活活動遂行の妨げとなっている課題を知ること，そしてその課題を解決のため，情報を正しく共有することが必須のこととなります。成功に導くためには，意思の疎通が欠かせません。

　「当たり前のこと」については，文化や風土，常識などが地域に根付いたもの

や，新しい風が吹いて経時的変化を繰り返してきたことなど，かなり大きな枠でとらえなければなりません。

　筆者が講義を開始する際，学生とコミュニケーションを円滑にする目的として「当たり前」や「常識」とは何だろう，どういうものだろうととらえるために話題にするのが，「目玉焼き」です。さて，皆さんはどの「調味料」を選択するのでしょうか？ 醤油，ソース，塩だけ，塩・胡椒，マヨネーズ，ケチャップ？

　「目玉焼き」だけを取り上げてもかなりのバリエーションがあり，作り方，食べ方，食器の類，箸やナイフ，フォークの類や，たまご自体の焼き加減は？ サニーサイドアップ？ 使用するたまごの数は？ と，環境に関わるようなことを勘定に入れるとその多様さは拡大していくばかりです。

　「当たり前」に隠れた情報を探ることで，本当のニーズを知ることができるのです。

4.2　当事者側の情報の課題

4.2.1　ニーズの掘り起こし

　ニーズは，なぜ生じたのか，どのような不都合があるのか，現在，どのようにして対応しているのかを知ることから，ニーズの掘り起こしが始まります。

　ニーズの発生元が，対象者の身体上の障害，環境による影響，その他の因子によるものなのかを正確に把握することが重要になってきます。

　しかし，対象者の誰もが上記のように現状を理解しているのではなくて，彼ら／彼女らの目の前にある「バリア」の存在にさえ気づいておらず，心理的なショックや混乱の渦中にあり，否応なく「生活」が継続的に営まれている状況下にあります。やがて自らの身の回りの日常生活活動上の支障に気がつき始めて，ようやく本人から，何らかのサインが発出されます。

(1) 生活活動上の場面
　まず，身の回りの行為，活動を表す用語を整理します。日常，医療・福祉領

域で使われている語句の説明をしておかないと共通の理解に進まない可能性があるためです。

そして，それぞれの活動を考えるにあたっては，障害による生活上の制限，不都合が，その障害の特徴や，同じ障害のカテゴリーに分類されたとしても，「レベル」や「段階」などと呼ばれる程度の差があることを理解する必要があります。

人が日ごろ行っている日常的な行為，活動のうち，身の回りのことをセルフケアと呼びます。このセルフケアに関することを医療・福祉領域では，「日常生活活動」と定義づけしています。英語ではActivities of Daily Livingといい，ADLと略します。ここからADLに含まれる活動と，障害のレベルによる留意点を説明します。

① 食事：食事は，食物を口からとる場面は，誰しも想像できるものの一つですが，食物の形状や固さ，柔らかさ，大きさ，長さ，温度や香りなどが摂取にあたり影響します。自らの体，特に手，指，片方の手ともう片方の手では異なる動きをしていること，食事に用いる食器の類も検討すべき条件の一つとして浮上してきます。

障害が異なるだけでなく，障害の程度によっても工夫する点がかなりの幅を持つことが考えられます。

② 排泄：大用と小用を中心に考えますが，個別性がかなり高く，配慮すべき点として，性別，障害，レベル，年齢などがあります。障害となる特徴にあった便器の種類を考えたり，トイレ内の移動，トイレの出入り口から出てくるまでの工程と，身体の使用に関する分析を必要とします。そして，家族と共用する場合のサポートも留意する必要があります。

③ 整容：身支度のことを指します。洗顔，歯磨き，整髪などが主たるものですが，家族ごと，個人ごとに癖のある方法を用いたり，こだわりがある部分などがあります。ヘアスタイルなどもバリエーションが多く，希望と現実が交錯する部分でもあります。

しかし，こういったたくさんのバリエーションがあることにあまり気づかないことが多くあります。これは，それらの行為を行う際，障害のない

人は，日ごろ何げなく両方の手と指を用いているため，それぞれの身体のパーツの動きが障害により制限されたり，「固定」により，パーツの役割を補助する必要がある状況をイメージできないためです。これが最も重要なキーとなる部分です。

④ 更衣：更衣と記すと，衣替えと勘違いするかもしれませんが，日ごろ行っている行為で，「着替え」のことを意味しています。

　更衣は，上衣と下衣，ワンピースなどの形状と身体の動きの関係や，素材，材質の違いに加え，色，デザインや質感，重量，ボタンやファスナーなどの付属品，フォーマルかカジュアルかや，季節や住居のある地域特性など，当事者には気がつきにくい細かいところまで，周囲の目で配慮することがポイントになります。

⑤ 入浴：一般的な浴室，浴槽のしつらえなどハードの部分を「環境」としてとらえます。身体面に関わる部分としては，洗体，洗髪の動作や，洗面器などの小物の使い方，シャワーヘッドへの工夫，裸で動くことによる床の摩擦やまたぐ行為など，入浴時に生じる不都合は様々に想定できます。

　トイレと同じように，障害による違いに応じて，浴槽やシャワー，イスなどの福祉用具の使用や，手すりや照明，温度管理などの大掛かりな改修までの幅があることも特徴的です。

⑥ 起居動作：人の発達状況を基本として考えていきます。生まれたての新生児は仰向けに寝た状態からスタートします。そして次の段階として寝返り，さらに次の段階として，首が据わってくると腹ばいになって，両肘で上半身を支える姿勢ができるようになります。手のひらを付け，肘を伸ばした状態ができるようになって，這い這いから四つ這い，膝立ち，立位，歩行，走ることができるようになります。この一連の発達と身体の使い方が指標となります。

　医療の専門家に，障害を持つことで，身体のどの部分が支障をきたすのかなどを分析してもらい，受け入れ，理解することが重要です。

　このことから，自己の身体の状況を知り，どうすれば，どこか他の位置へ移動することができるかへの探索が開始し，自分たちの世界を広げるこ

とにつながっていきます。

⑦ コミュニケーション：一般的にコミュニケーションといえば，言語を介して他者と情報交換を行います。加えて，表情や，しぐさ，独特な動きやサインと呼ばれるものもあります。

身体的に障害が生じると，見る，聞く，話すといったコミュニケーションに用いていた行為ができなくなります。これらの障害は，わりと理解してもらうことができます。なぜなら，健常者の目をふさいだり，耳栓をしたりすることで同じような現象を疑似体験できるからです。

一方，脳血管系の障害や脳挫傷などで起こる言語障害や視覚障害によるものは疑似体感できないため専門書の知識に頼ることになりますが，様々な障害に対応できる工夫された方法や専門的な機器が用いられています。

医療・福祉の世界では，身の回り（セルフケア）の活動から拡大した複雑な活動のことを，手段的ADLといい，ADL（日常生活活動）と分けて表現します。

手段的ADLに含まれる行為の中心には，"家事"と称されるものがあります。これは，自分だけの世界から，家族をはじめとする他者との関係性も含まれた行為になってきます。具体的には，洗濯，調理，外出，買い物，配膳，掃除，片づけ，金銭管理，服薬管理などのほかに，IT機器を用いたコミュニケーションも含まれます。

そうして行為，活動の範囲が拡大してくると，どの活動のどの工程で支障が出るのか，一つなのか複数なのかなど，課題が明確になっていくことにつながり，ニーズが明らかになります。そして，ニーズの発生に直結して「不便」さも露見してきます。

(2) 環境の設定

身の回りのことは，基本的に住居内のできごとになります。暮らしのなかでの支障には，環境に左右されることも多くあります。現在福祉領域では，家屋改修などのサービスも充実してきています。支障が少なくなるように工夫す

ることは，バリアフリーという言葉で地域に浸透してきています。具体的には，段差をなくすことや，手すりの設置などが代表的なものですが，玄関，浴室，トイレなどでも見かけるでしょう。

環境は，構造物だけではなく，気温や湿度，風などの自然現象もあり，日常生活の様々な場面に影響を及ぼす場合があります。

したがって，どのような環境を設定するかで解決するニーズも少なくありません。

4.2.2　条件の提示

前項のように様々な視点から掘り起こしたニーズをもとに，ニーズ＆アイデアフォーラム（NIF）の活動はスタートします。対象者の「ニーズ」は，日常生活活動から仕事や遊びまで拡大した，いずれかの行動・行為の工程上の支援にほかなりません。その行動・行為を満たせない条件を洗い出すことが，評価としてのポイントとなります。

ニーズに含まれる条件を探る最初のステップは，関わるメンバーのなかで，特に医療・福祉系学生が得意とする分野です。

ニーズに関する情報共有は，医療・福祉系のメンバーを主体として，身体構造・機能面を明らかにしていく行動から始まります。いわゆる「検査」や「評価」による情報を収集し，他の分野のグループメンバーに解説を加えながら，問題解決のための情報を共有していきます。

身体的な「動き」だけで対応できるのか，他の「動き」を足し引きするのか，あるいはセンサーなど，外部の機材を用いて身体の代用とするのかなど，作製する機器などに求められる条件を列挙していくこととなります。

条件をもとに，ニーズを解決するにはどのようなものを作製するのか，その材料や材質，デザイン，カラー，重量，サイズなどはどうするか，さらに日程および予算の検討を行います。これらを検討することこそ，このプロジェクトの「核」となる部分だととらえています。

作製するものを想定し，準備するための状況を整えながら進めていきます。

抽出された「条件」をクリアするよう，次のステップを踏むこととなります。

ここまでの工程では，本章の冒頭で紹介したようなアイスブレーキングによるコミュニケーションが必要です。アイスブレーキングでは，グループの年長者のリーダーシップが引き金になることが多いようです。そして，当事者・依頼者・患者・顧客といった表現で表されている「ニーズ」の発信者が，どのような内容の「問題」を抱えているのか？　という情報共有のすり合わせが開始されます。ここでは，「ニーズ」発信者がどのような状態なのかを解説できるのは医療・福祉領域のメンバーです。彼ら/彼女らが，「病名・障害名・特徴」など，必要と思われる情報提供を始めます。

　いわゆる「医学用語」の列挙という形式になり，工業系，デザイン系の学生にとっては，耳にしたことはあっても理解が難しい内容が，医療・福祉系のメンバーからシャワーのように浴びせかけられます。この医療・福祉系のメンバーにも，学年によってその知識量と内容の理解度にはかなりの格差が生じており，特に学部1年の学生には，理解するのも難しいレベルの話題が交わされることになります。それらの知識や情報がないと「ニーズ」の入り口にすらたどり着けない印象を抱くはずです。当然，用いる語句（業界用語）をみんなで同じ意味で用いることができるようにする平準化への努力も並行して行われているのは言うまでもありません。

　作製に関する具体的な問題を抽出する作業も進めていきます。問題点の分析を進め，解決できるのか否かのジャッジも求められます。指導教官の支援や介入のタイミングもアドバイスのポイントとなります。より具体的で，解決しなければならない課題への落とし込みが議論され，方向性の検討に至り，形になっていきます。

　このころになると，デザイン系の学生メンバーの，積極的な参入のタイミングとなり，試作・再検討・修正への道筋も共有できるようになってきます。

　このような流れで，試作品の完成へとたどり着きます。

　しかしまだ終了ではありません。

4.2.3　試作と使用

（1）利用者側からの改善点

　作製された「試作品」は，ニーズ提出の対象者の方に届けられ，「条件」を満たしているのか否か，さらに「印象」「使い勝手」「操作」「感触」「重量」「見た目」など多様な視点から実践に伴う意見が挙げられます。

　上記以外にもいくつかの要素があると思いますが，この時点では「改善」への道のりとして，気づいたことをなるべく具体的にかつ端的に表現できていることが目標になります。メンバーは，意外と隠れた修正点が潜在していると認識します。場合によっては，修正箇所が複数出たり，修正案自体も複数出ることやまったく異なる方向へ転換することもあり得ます。

（2）開発者側の分析

　試作品を試用してもらう際，作製者の意図やねらいが「条件」に沿っていたのかなどは，各領域のメンバーが注意深く反応するところです。

　ここまでの過程では，身体や障害の分析までは医療・福祉系のメンバーが専門性を発揮してきましたが，この工程からは，作製側の工学系，デザイン系の知識や技術が輝く期間になってきます。同時に様々な要因と条件が交錯するタイミングに入ってきます。

　「ニーズ」の条件が満たされているのか？ が，最重要ポイントになるがゆえに，その他のささやかな思いやりの部分が若干おろそかになる場合があります。そぎ落とすか，心遣いを重視するか，コストか，デザインかのせめぎあいが生じる部分です。ここで初めて医療・福祉系，工学系，デザイン系の三者の考えが統合される"ネタ"が揃ってくることになります。

　利用者の試行により，作品の方向性や完成形が明確化，先鋭化されてきます。作品の形状，機能は上々でも重量や操作方法，向きや角度，色や固さなど多くの課題が再抽出されてきます。

4.2.4 再試作

　このあたりのタイミングから，工学系の知識と技術が強化され，グループの活動全体をリードしていく工程に入ってきます。なぜなら，作品の修正に必要な技術力が発揮されるからです。

　対象者から出されている「ニーズ」を満たし，かつ，メンバーの合意と納得を要する重要なタイミングです。

　使い勝手の向上には，適切な身体面とのマッチング，フィッティングと，見た目と操作に対する解説と受け手の理解が重要です。

　メンバーの各々の想いも込められて，より良くするための創意，工夫，熱意がこのプロジェクトの原動力となってきます。部分的には，意見の対立やディスコミュニケーションも生じますが，目的がかなり明確になっているため，腕の見せ所ともいえるでしょう。

4.2.5 当事者側からの評価

　当事者からの評価は，出されていた「ニーズ」が満たされているのかに焦点化されてきます。使用する際，操作に慣れてくることもある程度期待されてきますが，あくまでも，出された「作品」を使ってもらい，学生たちが作ったからとか，せっかく作ってくれたのだからとか，もったいないなどといった忖度ない，素直な感想と共に評価してもらうことが重要です。

　せっかく作ってくれたのでと，当事者の方が「作品」に合わせて慣れようと努力してしまうことがあります。その"思いやりの心"があだとなり，本来の機能と性能の向上を妨げ，結果的に使い勝手を良くすることにはなりません。

　むしろ，辛口の評価や，注文を多くつけられたほうが，メンバーにも問題解決に向けた闘志が湧き，モチベーションの向上につながります。

　すべての作品が，ここまでに形を見ていないこともあり得ます。その際は，当事者の方に対し，口頭説明や写真や動画などの映像を用いて解説することもあります。相互理解の壁がまだ存在していることもあります。

4.3 開発者側の情報の課題

4.3.1 ニーズの理解

　開発者側は，異なる領域の学生でグルーピングされています。その「ニーズ」に興味がある，あるいはそのチームに加わる理由があることが接点です。

　異なる領域では，"文化や風土"が大きく影響しているため，それぞれ独特の世界があり，用いる語句，文言，用語の類と意味づけが当然のごとく異なっています。

　医療・福祉の領域の学生どうしでも，同じ意味で用いている語句と同じ字でも異なる解釈になっていることがあり，できれば一つずつ，少しでも気になる箇所は，「確認の習慣化」が重要です。それでもなお，ズレや乖離が見えてくる機会がありますので，タイミングの良いアドバイスの必要性が高まることになります。

4.3.2 妨げとなる「壁」の存在

　対象者の「ニーズ」を満たし，製作した作品を用い，不都合が軽減あるいは消失できるようになることを目標として取り組んでいくなかで，数々の「壁」を感じることになります。そのなかにある大きなものが使用する語句と共通の理解の齟齬です。他の因子も含め，これらを説明していきます。

(1) 使用する語句の定義づけ

　これまで書いてきたように，それぞれの領域の学生を観察していると，領域別の教育の底流に触れるような気づきがあるように感じられます。

　このプロジェクトの開始当初は，医療・福祉領域の学生がイニシアチブをとり，情報共有しようとして繰り出す言語が，工学系とデザイン系の学生諸君には"ジャーゴン"と称される，意味不明の言葉を使っているかのような錯覚に陥ったり，疎外感を覚えたりするように感じ取れました。

例えば，「ニーズ」の一覧を活字にして目にした際の反応は，医療・福祉領域の学生は，「誰か」を仮想し，「その人のかなり個人的な不都合」をイメージし，どれほどの自立につながるのかなど，対象者の生活の質（QOL）が向上するのかをイメージするようです。

一方，筆者はこのプロジェクトに参加するまでは，工学系，デザイン系領域の学生が学んでいる内容のなかには，「果たしてこれは売れるのか？」や「ペイするまでにどれくらい売ればよいのか」という意識があるものだろうととらえていました。しかし，実際に意見交換，情報交換，検討や議論を見てくると，まったくそうではなく，対象者の「ニーズ」を満たすことに積極的に取り込んでいました。

結果，異なる3領域の統合的解釈が成立していく過程を観察することができてきます。

メンターという役割か，近くにいる指導者メンバーの，初期の活躍の場であろうと思います。

(2) 共通の理解

ここまでの過程において，共通の理解を進めていく努力は大変なものであることは間違いありません。異なる領域の知識を浴び，自分のなかに落とし込んで，場合によっては，今までの自らの常識を覆す作業をしなければ到達できないからです。自分のフィールドの常識は変えずに，取り込んだ新知識をミクスチャしていくことで，当事者の本当の「ニーズ」にまで近づけるような成長が見られます。

以前と異なり，近年の学生は，ITを駆使したコミュニケーションツールの利点を活用し，互いの情報共有に適した方法や時間調整などを可能としているようです。そのこともあり，共通理解への流れが，円滑化しているようです。

このフェーズまで到達すると，互いの領域で用いている専門用語も頻回に議論や検討に出現してきます。

(3) 知識の提示

　各々の領域での知識や技術への理解が進み，本格的なステージとして，各々が持ちうる知識の向上が認められてきます。例えば，医療・福祉系の学生メンバーが，工学系，デザイン系の学生の技量の高さを理解し，現状のマックスの部分まで踏み込むこともありますし，デザイン系の学生メンバーが，身体のみならず病気の予後や障害による不都合な部分の解決方法へ言及することもしばしば観察されるようになります。

(4) 役割の理解

　学生メンバーの役割は，専門性が基盤となります。

　その学んだ専門性を披歴することで，グループメンバーからの信頼性を高めることになり，尊敬を勝ち取ることもありえます。

　初期のころは，まだ情報が共有されたとは言い難く，表面上の合意形成は保たれていますが，本来の自分たちの専門性を生かした役割や技術の見せ所までは届いていません。

4.3.3　知識の持ち寄り

　プロジェクトを成功させるためには，各領域の学生が学んでいる専門性を発揮し，有機的な集合体として成立することが求められてきます。そして，円滑に進めていくのを妨げる「壁」を除去するために，「壁」を分析し，解決への道筋を考え，力を合わせて取り組む方向性を示していく必要性があり，メンバーが持っている知識，技術を持ち寄って効果的，友好的にすることが重要になります。

(1) 壁の分析

　集合直後の初期には，メンバー間に壁が存在することに気づく場面があります。コミュニケーションの入り口として挨拶から入りますが，観察していると，すでにこのタイミングで「壁」が見えてきます。

　集合体として，医療・福祉系の学生メンバーは，挨拶することにポジティブ

な振る舞いが見られますが，工学系やデザイン系のメンバーは，どちらかというと人見知り的で，積極的な挨拶が苦手，あるいは困惑する様子が見受けられます。

　その「壁」を低くしていく作業で，"言語"を拠り所にしていくわけですが，ここにまだ見ぬ"使用言語の相違"が立ちふさがっていることに気づき始めます。

　作業を行うには言語的コミュニケーションを持って進めていきます。当然，会話が伴います。ただし，情報の共有を期待しているはずですし，同じ語句を用いていたり，わかったつもりでいることも多くあります。

　しかし，実は理解が共有できていないことがあります。例えば，「転移」という語句の場合，心理学的な解釈では，人が誰かに好意を持つ際の用語として認識されています。医療・福祉系のメンバーは，その解釈に加えて，英語の「トランスファー」という，起居動作という身体の動きの表現である「移動・移乗」の意味が重なってくるため，どの意味で用いられているのかを頭の中で探索するための時間を要することになります。一方，工学系，デザイン系の学生メンバーには，聞きなれない言葉として認識され，会話のなかでわかったつもりになってしまうこともあり得ます。

　次の段階に進んでくると，取り組みの目的としている問題解決へ向かう際，医療・福祉系の学生メンバーは，「作品」が，「ニーズ」を発した本人の，かなり限定された状況下にて使用することを想定しているようです。それに対し，工業系，デザイン系は，「作品」の持つポテンシャルがいかに「汎用」され，「製品化」や「売れるか！」に興味が湧いているように感じ取れます。

　こうした状況は，「了解・理解すること」「しっかり伝えること」「各々の業界の常識とそれぞれの違い」を受け取り，受け入れ，こなすことで「方向性の確認」へと動けるようになっていくと思います。

　この工程の進み具合は「アイスブレーキング」から「コラボレーション」への変容として観察でき，いつの間にか自分たちのグループの現在の進捗状況を説明する際，「うちのグループでは…」と言語的表現されるような「われわれ意識（We feeling）」が促進されていきます。つまり，帰属意識の高まりが，製作過程でのメンバー間のつながりを強くしていくことになります。

やがて，学生メンバーの役割認識として，場面ごとに誰かがリーダー的役割を果たそうとする雰囲気が醸成されていきます。

近年は，ITツールの進化やSNSの利活用により情報共有とコミュニケーションの円滑化にかかる時間が短縮されてきているように思えます。

（2）問題の分析

試用からわかることは，①見た目，②重量，③固さ，④操作状況に分けられます。①見た目は，サイズ感，カラー，使ってみたいと思う感覚などがあります。試用の段階では，ファーストインプレッションで，好みが反映されます。②重量は，作品に触れて，使用する段階で答えが出るものです。③硬度ともいうかもしれませんが，質感の部分も②重量と呼応した反応につながります。④操作状況が最も重要な要素で，実際の使用による回答をうまく引き出すことも大切です。

ここでも，上述したように，"思いやり"の心が壁として出現しやすいため注意が必要です。

（3）役割の発揮

作品ができてくると，それぞれのメンバーの意向が反映された部分が明確な形として表現され，自らが学んできたことの確認と自信，さらにチームとしてメンバーと力を合わせ，全体的であろうが部分的であろうが，専門性を発揮できたという自己実現や，役割を果たせたという自己肯定感の芽生えが自覚できる良い流れに入ってきます。

メンバー間に，ひとりひとりが作品製作のどの部分の知識があり，専門性があるかを実感できてくる時期にあり，他の領域の知識を吸収できて，より高い作品づくりに貢献できてくるタイミングになってきます。

これらが，次の「問題解決」への原動力となっていきます。

4.3.4 問題解決

(1) 担当と協力

　前項で述べたように，メンバーの力量がアップし，お互いの専門性が確認できた時期に入って，あらためて個々人の担当部分と，連動したほかのメンバーとの協力関係が強化され，そこで，新たに明確化された問題点へ向かっていくことになります。そして，開始直後の専門領域の主張が，単独ではなく，協力して得られた立ち位置の拡大と，共有されてきた経験が，らせん状の学びの上に展開されていくことを俯瞰できるように成長してきます。

　依頼者の意向を汲み取ることも，表面的ではなく，具体性が増して，有効な情報が共有できるようになり，的を射たような表現ができるようになります。そうなってくると，各分野のメンバーだけで担わざるを得なかった責任も，重なり合う連携と併行して，グループ全体としての責任に昇華していくようになります。

(2) 試作と当事者による試行

　新たな問題点を抽出し，改善あるいは修正点として分析を進め，明らかになった部分を解決に導くことになります。このタイミングでは，工学系のメンバーが，より高度な技術を発揮してきます。例えば，3Dプリンターでの作製に長けてくることもままありますし，そういった作業と技術力などを認める気持ちが，メンバー間での高まり，取り組みへの成果も期待できるようになっていきます。このような流れを受けて，試作を重ね，いくつかの課題が解決できた作品は，依頼者によるトライアルで，さらなる課題を見つけ，解消への道をたどるか，まったく異なる仕様に展開するかなどの道のりを進めていく方向性が認められてきます。

　医療・福祉系の学生の学びの構造は，教養教育科目をベースとして，正常な身体構造と機能を学び，応用として，病気によって生じる機能低下や社会生活を営むうえでの不利益に対し，問題解決を実践していく流れになっています。

　このプロジェクトを通して，臨床思考型の対応ができてくるように変化，成

長していきますし，工学系，デザイン系の学生メンバーの問題解決能力の強化に寄与していると感じます。

　「ニーズ」を発してくれた当事者の方からは，作品の修正が，期待していたとおりになされていく過程で，自分の主張がかなえられ，修正されていくことで，メンバーとの仲間意識も芽生えてくる場合もあり，方向性としても好まれる，あるいは，受け入れられるような喜ばしい動きになっていくようです。

　依頼者も含めた意見が反映され，共同作業が進展し，精度が高まった作品へとなっていきます。

4.3.5　再評価

（1）当事者の反応

　いよいよ最終段階になりました。机上の議論を通して進んできた計画から試作へと移り，仮想から現実のものになり，ニーズを提出された方へ届けました。そして試作の使用。ねらっていた目標にどれだけ近く寄せられたかをユーザーとなる本人に，直接判断いただき，新たな課題が生じなくなった時点で完成となります。

　今まで不自由があった行為が，当たり前の動作としてスムーズに行えるになっていくときの表情は，自然と笑みがこぼれて，瞳の輝きが増してきます。そしてそのしぐさや表情，明るい声が観察された瞬間に，作品づくりに関わったメンバーの喜びも最高潮になっていくことが多く見られます。

　もちろん真逆で，せっかくそこまで到達しながら，数回の使用で飾り物に変化して，期待外れな結果をもたらす場合になることも否めません。

（2）開発者の分析

　着想からこれまでにかなりの時間と手間を費やし，検討に検討を重ね，全員が合意できないまま進めることもあります。しかしながら，「何らかの問題」や「課題」を解決するために重ねた議論や検討により身についた問題解決の手法は，予期せぬ成果と言えるでしょう。

それは，人の日常的な営みへ目を向け，障害を持つことによって発生した問題点を，一つずつ，つぶさに見つけ出し，気づき，反応して，解決に導くための方策を考え，役割を設定し，専門性を発揮していく工程でもたらされてくるものでしょう。

　作品の利用により，直接的に改善したできごとが確認されます。次の目標へと展開していくことも想定されます。

　今までの例で，過去に取り組んで，作品化されたものにも再チャレンジして改良を加えたものが複数存在します。社会の動きや素材の進化，流行などが影響しているのは自明の理ですが，新しい知見を活用したり，新情報の入手や共有でもたらされるものもあります。初期の作品を見ると，特にIT関連に対するニーズの変化や作品へのこだわりなど，当時とは異なる感覚で見直すこともともできるように思えます。

▌4.4　まとめにかえて

　本章においては，情報共有の観点を主体にして述べてきました。学生の努力はかけがえのないものとして残っていきます。次には，評価される立場となっていくことを実感しています。

　各々のグループに属しているメンバーは，自分の役割について理解し，その役割をまっとうし，最後まで向かっていこうとします。そして，グループ内での討議にメンバー特有の得意領域の開示と情報共有の接点が体感されるようになり，指導教員側からも確実に観察されるようになります。

　いくつかの工程を経て，作品を完成させ，試行ののち，修正を加え，ゴールと決めたところまでたどり着けたことになります。そしてその後，発表会などを通じて「外部」からの評価を受けるタイミングになります。

　対象者（当事者），指導者，同じ年のほかのグループの学生，グループの仲間，そして発表会参加のコメンテータ，観覧者など，多数の目を通しての評価です。おまけに，自らが味わう自己肯定感も含まれているでしょう。

　この取り組みを通じて，メンバーの様々な「気づき」の発揚が，効果的にな

り，成功へと導かれていくように感じ取られます。こういう反応は，メンバーが統合解釈できるようになっていく道のりであろうと思われます。

　表現を変えると，この場では，様々な領域から，それぞれの特徴的な知識や技術などを持ち寄る集合体と言えるでしょう。造語ですが，「持ち寄る」の意味から，「ポトラック・スタディ（あるいは，ポトラック・ワークショップやポトラック・ワークスタディ）」とでも言えたらよいかと思います。ポトラックは「持ち寄り」を意味し，スタディは「観察，研究，検討」を表します。このプロジェクトは，「知識の持ち寄り」＋「学びの進み」を体現できているととらえています。

　また，「ワークショップ」は，「その現場で作り，作品を売ること」の意味とされ，この工程での学びは，「直線的学び」ではなく，高さのある螺旋階段のような「スパイラルな学び」へ発展していると考えます。

　このプロジェクトにより，我々が期待するよりも大きな大きな価値のある「果実」がたわわに実る姿を目視することができ，「喜び」に包まれる瞬間を感じ取り，共有することができると思っています。

　追記として，ある学生のその後について少し加えます。

　参加前には，学習に対し消極的で，最低限のことで済ませたいという希望を口にし，現実的に合格ラインのギリギリでよしという価値観に覆われていました。しかし，このプロジェクトに参加したことにより，自分が存在している業界の風土とは異なる文化に触れ，他の領域で学んでいる学生との出会いがありました。年齢的に彼の上級生にあたる（マスターコース）学生とのマッチングが功を奏したのか，やりたくないと消極的であった発言や行動や態度が良い方向へ改められ，国家試験対策へ積極的に参加し，個人でもグループでの対策においても率先して行動できるように成長しました。

　自分自身の成長と，仲間の成長も肯定的に受け入れられ，この取り組み中の集まり以外でも良い関係が継続し，学びのあと押しが得られたようで，資格試験に合格し，地元に戻り，地域貢献のために努力するようになりました。

　ほかの参加校の学生にもここに挙げたような例があるのかもしれません。とても喜ばしいことであると感じています。

参加学生の学び：成果報告会におけるコメントを読み解く

　ニーズ＆アイデアフォーラム（NIF）では，学生が主体となりグループで
ニーズの調査，関連機器調査，ヒアリング，作品の設計・デザイン，試作など
の段階を進めます。その経験のなかで学生が得る学びは非常に多様であり，支
援機器や障害に関する知識はもちろんのこと，自身の過去の学びに対する振
り返りや自身の大学での学修に対する気づき，今後の学生生活・社会生活へ
の目標生成などにつながっています。

　本章では，NIFプロジェクトの終盤に実施する最終成果報告会において学
生自身が語る学びやプロジェクト活動の振り返りを題材に，実際の学生のコ
メントを示しながらその特徴を分析し，学生の学びを読み解きます。

　5.1節では学生のコメントの全体概要や分析手法について示します。5.2節
では個別のコメント事例を紹介しながら，学生の学びの概要図を示し，全体の
傾向と年度別に見た特徴の変化を示します。2020年度以降は新型コロナ感染
症の感染拡大期における学生の学びの変化にも焦点を当てています。5.3節
では医療・福祉系学生，工学系学生，デザイン系学生のコメントを領域別に分
類・分析し，それぞれの特徴や領域間の学生の学びの差異について検討して
います。5.4節では本章で示す学生の学びをもとに，NIFプロジェクトで構築
された人材育成プログラムの効果をあらためて総評・講評します。いずれの
節においてもできるかぎり多くの学生のコメントを原文に近い形で掲載して
います。

5.1 成果報告会における学生からの コメント

　NIFプロジェクトでは、プロジェクト終盤に成果報告会を実施しています。NIFプロジェクト参加者および一般に向けて、それぞれのグループが成果物やポスターを展示し、その作品の使用デモンストレーション、プレゼンテーションを実施して成果を一般に向けて公表します。本章で扱う学生のコメントとは、最終成果報告会において、各年の参加大学から代表の学生1〜2名が司会者の「NIFプロジェクトでの学びや取り組みに対する総括をお願いします」という問いかけに対して報告した言葉です。2018年から2022年の5年間の学生のコメントを成果報告会の要約筆記データや音声記録から文字起こしし、テキスト化しました。

5.1.1 学生が語る自分自身の「学び」とは

　本章では、報告会で述べられたコメントに含まれるNIFプロジェクトでの経験を学生の「学び」に関する情報源として整理・分析していきます。テキスト化後のデータの整理では、コメントの意図に影響を与えない範囲で言いよどみや繰り返し、口語、文末表記の調整を行ったほか、個人情報に該当する情報は一部表記を変更しています。

5.1.2 学生のコメント分析手法について

　本章では、学生のコメント事例はテキスト化後の整理データから引用し、『』で括って表記します。また、必要に応じて筆者により（）で情報を追記しています。コメントの全体傾向に対する分析では、テキスト化されたデータに対し、NIFプロジェクトに関わる職員がコメントを分割・切片化、ラベリング、分類を行ったのち、その妥当性について別の関係者により評価、修正を施し、大分類および小分類を決定しました。データの分割、ラベリング、項目分けは質的研究の各手法を参考にしましたが、本書では詳細な手順は割愛し、コメン

図5.1 コメントデータの分析手順

ト事例および分析結果の解説を中心に構成しています。

　出版に際し，関係者間で分析結果について再度議論し，部分的な修正を加えたうえで最終的な分析結果としました。分析結果は5年間のデータを年度別，専門領域別に整理しています。これらの結果を俯瞰することで，学生の学びの全体傾向に加え，年度間の学生の学びの変化や専門領域間の学生の学びの差異をとらえています。

5.1.3　全体を俯瞰して

（1）分析対象の年度と参加学生数
　分析対象となったコメントは2018年度NIFプロジェクト（第5回）から2022年度NIFプロジェクト（第9回）の参加学生のものです。参加大学は2018年7校，2019年8校，2020年6校，2021年6校，2022年9校，総参加学生数は188名でした。

（2）表で見る学生のコメント
　コメントデータの整理後，関係者により各コメントを切片化・分類し，「プロジェクトを通して学んだ・感じた内容・経験（小分類：学んだこと・感じたこと，経験・満足感）」「異分野協働の意義・課題（小分類：意義，課題）」「専門性の役割と自覚」「ニーズと障害を学ぶ意義（小分類：ニーズを知ること，障害を学ぶ意義）」「これまでの障害についての知識」「NIF参加の理由」

「これまでの大学での経験」「学びや経験を今後に生かす」「その他」と分類を定義しました。表5.1に実際のコメントの分類事例を示します。

表5.1 分類とコメント事例

大分類	小分類	コメント事例
プロジェクトを通して学んだ・感じた内容・経験	学んだこと・感じたこと	・勉強している内容が違う人と一つのグループになり，一つのモノを作ることは，今までなかった視点や知識，考え方，アイデアなど違う意見が聞けて勉強になった。 ・多くの人の役に立つモノばかりに目が行きがちだが，特定のニーズのある方の役に立つという考え方も重要であり，その方々が豊かに生活できることを目的として，様々な分野の方の力を集結させることの大切さを学ばせていただいた。 ・ニーズに対して，たくさんの試作や失敗をした。メンバーの方とアイデアを出し合い，試作・評価・改善を行い，何とか最終制作物を制作することができた。
	経験・満足感	・自分たちが出したアイデアが目に見える形になっていくことが，達成感があり大変貴重な機会になった。 ・まず，いい製品を作ることの難しさを痛感した。 ・普段は学ぶことのなかった知識や技術に触れ，各分野の取り組みをどのようにして当事者の方々の暮らしに役立てるかを実感できる貴重な機会になった。 ・誰かが行動を起こすことで，誰かの生活を豊かにすることができることに気づかされた。
異分野協働の意義・課題	意義	・自分にはないアイデア・意見を，工学的（な知識の）範囲外の医療・福祉，デザインの学生からいただいた。 ・学校の授業のような工学系の意見だけではなく，デザインや福祉など，自分と違う目線の意見はとても大切だと思った。 ・医療系の方は，障害者の目線に立った専門的な意見をくださり，工学系の方は，プログラミングを用いて，アイデアを形にしてくれた。
	課題	・専門性の違いから意見のすり合わせには時間がかかり難しい。 ・自分と同様の知識を持っていない人にどうやって説明するかや，仕事を分けるところもかなり難しい点だったかなと感じた。
専門性の役割と自覚		・工学系の大学の対応，機器の工学的視点からのアドバイスする役割（を自覚した）。 ・医療系学生として，聴覚のアプリや手袋や杖のニーズに関しては（関わりたい，と手を）挙げた。

（次ページに続く）

大分類	小分類	コメント事例
ニーズと障害を学ぶ意義	ニーズを知ること	・自分にとっての当たり前は，誰かにとっての当たり前ではないことだ。 ・(当事者の) 意見は想像と大きく違っていた。 ・実際に作った自助具を持ち込んだ際に当事者の方が喜んでらっしゃった，というのが体験として驚きというか，「そうか，そうだったのか」と私自身では気づけなかったなというところが心に残っている。
	障害を学ぶ意義	・どこまでできるのか，今まで想定している範囲でしか動けなかったが，当事者と実際にお話しをすることで，製品開発への大きな一歩になったのではないかと感じた。 ・それ (課題やニーズ) を解決するためには，どのようなことが必要で，また，その気持ちに寄り添うためにはどうするか，を自分自身で考える大きなきっかけができた。
これまでの障害についての知識		・身内に片麻痺者がいたので苦労を知っていた。 ・今まで障害を持つ方の目線に立って，物事を考えることがあまりなかった。
NIF参加の理由		・(参加のきっかけは) 実習に行った際に目の前で対象者の方の困難 (を感じる) 場面や，こういうものがあったらいいのに (という場面があった)。でも，結局解決できなかった場面に遭遇したこと。 ・他学部の人とのものづくりが，これから社会に出るにおいて重要なのではないかと考え，それを経験したくて参加した。 ・工学系やデザイン系の学生と組んだら，どんな素敵なものができ上がるのか興味を持ち，プロジェクトに参加した。
これまでの大学での経験		・脊髄損傷の方に自助具を作るという講義があり，作業療法学科の学生のみで作成した。医療系の学生のものづくりの限界があり，市販のものをマジックテープで留めてみたり，木で作ってみたりと，お粗末なものになった。 ・今までやっていたのは，健常者向けのデザインだった。 ・普段は自分の病気，いろんな疾患に対してこういう対応をしたらいいというのは勉強してきている。 ・工学部としてものづくりや力学とか，理系ばっかりやっていた。 ・教育の現場で発生する様々な問題を解決する力をつけられるよう日々学んでいる。
学びや経験を今後に生かす		・今後，大学生活では見つけられなかった困難場面にたくさん出会うと思うので，こういった展示会で積極的に，こういうニーズがあることを伝えたい。 ・大学に戻ったらこういうニーズがあることを (周囲に) 伝えることで，連携していけるようになるのかなと考えた。 ・将来病院勤務になったら，このような素敵な自助具や生活支援機器を開発する展示会で積極的に紹介したい。 ・いろんなことにも挑戦して視野を広げていきたい。 ・将来の自分たちの働き方においても，今回のNIFプロジェクトで培った異分野の方々との交流を何らかの形で生かしていきたい。

(3) 図で見る学生のコメント

これらの分類およびNIFプロジェクトの構成要素とコメント事例について，学生の学びを整理したものを図5.2に示します。すべてのコメントを含むには至りませんが，分類ごとの主要なキーワードを整理し，学生どうしの関係や学生・当事者間での関係，それぞれの学びの分類の位置関係を整理しました。

図中のコメントについては必要に応じて文末表現の省略や中略，概要の抽出を行っていますが，本来のコメントの内容から変更が加わらないよう留意しています。

【異分野協働の意義・課題】では，異分野協働の際の知識の差異に対する実感や視点の違い，考え方の変化に関する学びを整理しています。【自身の専門性の役割と自覚】では，自身の専門性に対する意識や役割の経験に関する学びを整理しています。また，学生が自身の過去や将来に焦点を当てた【大学での経験】【これまでの障害の知識】【今後に生かす】ではそれぞれ，NIFプロジェクト参加前までの学生自身の学びや障害に関する知識・経験に対する振り返り，NIFプロジェクト参加後の目標設定に関するコメントなど，時間軸を意識してまとめています。

【ニーズを知る・障害を学ぶ】に関する学びは，プロジェクト内の講義や当事者，職員へのインタビューを通して学生が得た気づきや経験がまとめられています。【プロジェクトを学んで感じたこと・経験】については，プロジェクト全体の取り組みを総括しての学生の振り返りを指します。

▌5.2 コメントから読み解く学生の学び

本節では，(1) 5年間の活動で得られた学生のコメントの総合的な分析，(2) 年度別に見る学生の学びの経時的変化，(3) 新型コロナ感染症拡大期における学生の学びの変化，の3点に焦点を当てて学生の学びの分析を試みます。

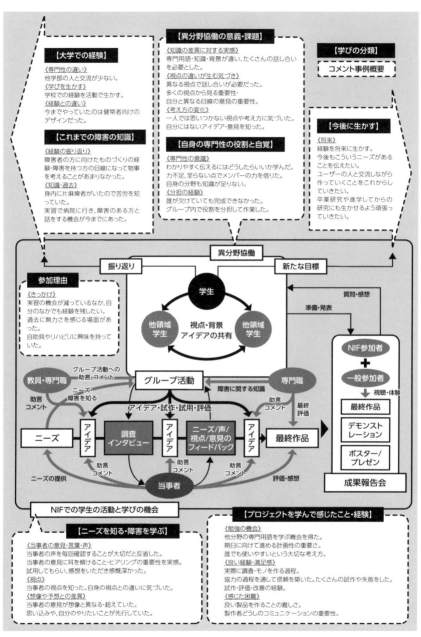

図5.2 NIFにおける学生の学び　全体図

5.2.1 5年間のコメントの総合的な分析：学びの特徴と分類

　本項では2018年度から2022年度の5年間の活動で得られた学生のコメントを分析した結果を総括します。計13大学の参加があり，切片化されたコメントは計339件になりました。全体の分析結果の概観として，図5.3に示すようにプロジェクトを通して学んだこと・感じたこと・経験に対するコメントが102件（30%），異分野協働に対するコメントが83件（24%），ニーズと障害を学ぶ意義に対するコメントが53件（16%），専門性の役割と自覚に関するコメントが31件（9%），これまでの大学での経験に関するコメントが23件（7%），今後に向けたコメントが22件（6%），参加理由が14件（4%），これまでの障害についての知識が9件（3%），その他に対するコメントが2件（1%）でした。

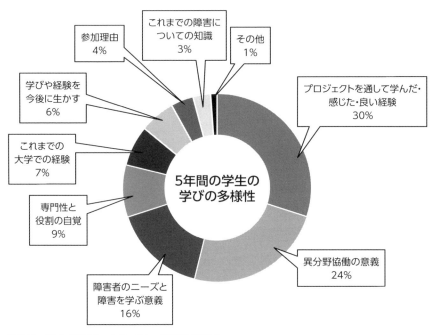

図5.3　学生の学び：カテゴリー分類後の割合

(1) 全体の傾向：NIFプロジェクトの特徴を反映する学び

コメントの全体傾向として，プロジェクトを通して学んだことや異分野協働に対するコメント，ニーズと障害に関する学びに関するコメントが多く見られ，学生の学びは「ニーズに基づく」「異分野協働」というNIFプロジェクトの特徴を反映しているように見えます。

また，NIFプロジェクトへの参加を自身の今後につながる経験としてとらえるコメントも多く見られます。人材育成の観点からも，NIFプロジェクト参加は，異分野の学生と協働でニーズや障害について学びや経験を積みながら，プロジェクト終了後の学びや就職後の仕事にその経験を生かす流れの創出に結びついています。

(2) プロジェクトを通して学んだこと・感じたこと

プロジェクトを通して学んだこと・感じたこと・経験に対するコメントとしては，『活動を通して，そもそも人の役に立つものを作ることの大変さ，苦労を知った』『異分野の方々，理工系やデザインの方々と一緒にものを作り上げるというのは，非常に自分にとって新鮮な経験となった』『実際の仕事も様々な専門の人と協力して進めていくと思うので，その先駆けとして，非常に良い経験をつめた』などがありました。年度によって割合は異なりますが，学生のコメントのなかで占める割合が最も高く，専門分野や所属大学，学年に関係なく多くの学生が各々の学びについて言及していました。

(3) 異分野協働の経験と課題：「共有」の経験

次いで，異分野協働に対するコメントが多く見られました。コメントとしては『医療系とデザイン系の他の大学の方とグループを組み，協力することで，自分には発見できなかった障害を持つ方の困難に気づくことができた』『デザイン系の人たちと開発するときは違う視点の意見がいろいろ聞けた』『医療系の方は障害者の目線に立った専門的な意見をくださり，工学系の方はプログラミングを用いて，アイデアを形にしてくれた』などがありました。また，課題として『異分野とのコミュニケーションをとる際には専門の言葉であった

り，なかなか理解をすることが難しい場面もあった』などが挙げられていました。

　多くの学生にとって，このNIFプロジェクトは異分野の学生との連携や協働を初めて経験する場でもあり，それぞれの有する視点や背景，アイデアを共有する工程そのものに対する学びがあったと考えられます。また，『自身の分野についてもまだまだ知識が足りないことにも気づかされた』といったコメントもあり，異分野の学生との協働を起点として，自身に対する客観視の経験を得る学生もいることがわかります。

(4) ニーズと障害を学ぶ意義についての学び

　ニーズと障害を学ぶ意義に対するコメントについても，『当事者の声で「ニーズに合っていない！」など，インタビューし指摘をいただいた』『解決するためにはどのようなことが必要で，また，その気持ちに寄り添うためにはどうするかということを自分自身で考える大きなきっかけができました』などのコメントがありました。インタビューに向けた調査や準備，インタビュー中のコミュニケーションなど，これまでに経験のなかった交流による学びに強い印象を覚えた学生が多いことがうかがえます。

5.2.2　年度別で見た学生の学びの特徴

　本項では2018年度から2022年度まで，年度別で見た学生の学びの傾向を示します。図5.4には2018年から2022年の年度別の学生の学びに関するコメントの分類割合を示しています。また，2020年度以降は新型コロナ感染症拡大状況下でオンラインでの活動に移行しています。

(1) 2018年度

　2018年度はプロジェクトを通して学んだことや経験，異分野協働の意義・課題に関するコメントのほか，自身の専門性や役割の自覚，障害者のニーズと障害を学ぶ意義に関するコメントが多く見られました。計6グループに分かれた学生がそれぞれ活動に取り組み，片麻痺や発達障害，視覚障害などの多様

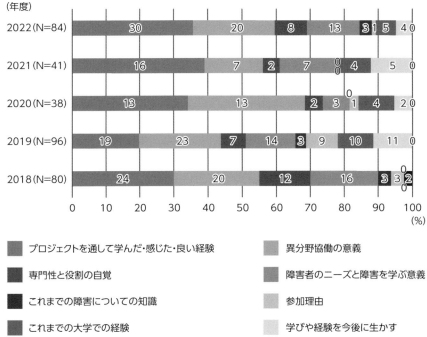

※2020〜2022年度：感染症対策によりオンライン実施

図5.4 学生の学びの分類（年度別）

な障害やそこから生じるニーズに対して作品・アイデアを創出しました。コメントのなかには『当事者の声を毎回毎回確認することが大切だと思い，反省し学ばせていただいた』『当事者の意見に耳を傾けることが大切だとあらためて感じた』などが挙げられており，当事者に対するインタビューや試作物に触れてもらう経験を経て，当事者の存在感や重要性が学生の学びとして強く残っていることがうかがえます。

(2) 2019年度

2019年度はコメントが多様で，すべての分類に該当するコメントが含まれています。計8点の作品やアイデアが生まれ，聴覚障害，片麻痺，頚髄損傷，視

覚障害と多様な障害当事者のニーズに取り組みました。コメントには『脊髄損傷の方に自助具を作るという講義があり，作業療法学科の学生のみで作成したことがある』『大学では実際にモノをニーズに合わせて作って，ということはしない』など，これまでの大学での経験とNIFプロジェクトでの経験を結びつけるものや，『卒業研究や進学してからの研究にも生かしていけるよう頑張っていきたい』『社会人にもうすぐなるが，チームで取り組むと，得意なことが違うと，自分では思い至らなかった発想がグループで生まれる，を意識して，今後様々な活動に取り組んでいきたい』など，今後の勉学や研究，進路に経験を生かす考えがありました。

(3) 2020年度

　2020年度は新型コロナ感染症の拡大に伴い，対面での活動に制約が生じました。学生のコメントのなかにも『当事者の方に意見を聞いたり試していただく機会がなかなか取りづらかったりしたことがどうしても難しい部分だと感じた』『コロナ禍でチームのメンバーともなかなか会うこともできず，一度も会っていないメンバーの方々もいます』といったコメントがあり，学生間や当事者とのコミュニケーション手段が変化したことに対する課題が述べられています。一方，活動のオンライン化により遠方の学生も参加しやすくなりました。遠距離で作業をするなかで，オンラインミーティングなどを活用して作業を助け合った経験についても多く言及されています。

(4) 2021年度

　2021年度も継続して感染症対策の観点からオンラインでの活動が主となりました。2020年度と比較して，大学生活のなかでオンラインでのグループ活動や各種ツールの使用に対する経験の蓄積から，オンライン形式での活動そのものに対するコメントは減少傾向にあり，学生が大学生活で得た経験をNIFプロジェクト参加時にうまく応用していることがうかがえます。一方，『オンラインでの活動がメインでコミュニケーションが取りづらかったり，うまくできなかったりしたこともあった』といったコメントが見受けられるよ

うに，環境や学生によっては対面の活動機会から得られる経験も重要であることが再確認されました。新型コロナ感染症への対策として，進捗会議やグループ活動はオンライン実施，成果報告会は対面とオンライン発表のハイブリッド形式で実施していましたが，成果報告会で初めて対面するグループも多く，学生のコメントからもオンライン化の効果と課題の両面が見え始める年となりました。

(5) 2022年度

　2022年度には，東北地方，九州地方からの学生の参加がありました。主たる活動がオンライン形式になったことから日本全国からの参加が容易になった点は，オンライン活動の普及が本プロジェクトに与えた大きな効果であったと言えます。学生のコメントからはオンラインでの活動に対する困難やコミュニケーションの課題に関するものがさらに減少し，2019年度と同様，コメントの多様性が特徴的でした。感染症拡大の状況への適応が進み，NIFプロジェクトの活動や経験そのものに焦点を当てたコメントが増加したように見受けられます。

5.2.3　コロナ禍での学生の学びの特徴と変化

　前述のとおり，新型コロナ感染症拡大により，NIFプロジェクトの活動にもオンラインツールが導入されました。本項ではこれによる学生の学びにあった変化を検討します。

(1) コミュニケーションに関する変化

　第一の変化として，コミュニケーションに関する変化があります。2020年度に『今回コロナ禍の制限があるなかでうまく考えたものを，絵や図にして伝えることが難しかった』といったコメントが見受けられるように，作品に対するアイデアを画面上でうまく伝えるための工夫が必要となりました。対面でのコミュニケーションではジェスチャーやその場で手を動かすことでそれぞれの意見やアイデアの共有が可能であったのに対し，突然導入されたオンラ

イン環境ではその代替となる手段を獲得する必要が生じました。

『SNS上で，一生懸命密に連絡をとろうとしても，物理的に場所が遠いので作業の分担が難しかった』といったコメントもあり，急変した社会情勢のなかで，情報機器やオンラインチャットに抵抗の少ない学生であっても，コミュニケーションや情報共有における困難を実感していたことが見て取れます。

(2) 経時的な変化

経時的変化としては，オンラインツールを活用した活動に対する対応能力の高さがうかがえます。図5.5に示すように，2020年度には8件あったコロナ禍での困難やオンライン活動に関する困難の経験は，2021年に2件，2022年には1件と減少し，同時に障害やニーズについて学ぶことなどで困難を感じたと述べる学生が増加し，コロナ禍以前のコメントと類似する分類傾向になりました。

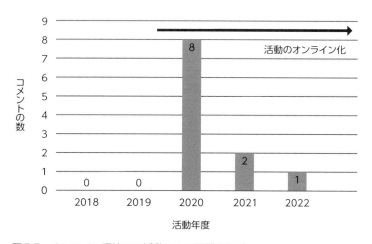

図5.5 オンライン環境での活動による困難の経験

また，直近の活動ではオンラインでのグループミーティング時に，各グループがそれぞれに活動や目的に見合った情報共有ツールやホワイトボードツール，アイデア共有ツールなどを各自で主体的に選定して活動を進めるなど，

ミーティング中のICT活用スキルの高さも向上しているように見受けられます。大学の各種講義や活動，インターンシップ，アルバイトなど，学生生活の多くに取り入れられたオンラインツールは，初年度こそ課題となったものの，学生の情報機器活用やICT利用スキルを大きく向上させたと考えられます。

(3) 課題：工程を共有する難しさ

一方，対面によるコミュニケーションとそれによる協働機会の減少が課題として残っています。対面で材料や構造を検討する機会や，作品の試作時にグループで手を動かす機会，作品の動作確認や評価のためにお互いの作品に触れる機会の減少は避けられず，アイデア出しの段階では協働が可能でも，試作や実装の工程を共有することが難しくなっています。

NIFプロジェクトでは，自身の専門に固執しすぎず，ニーズ調査，インタビュー，試作，評価などの各工程に積極的に取り組むことで得られる学びも想定しています。しかし，上記の結果，オンラインのグループ活動では協働・協業よりも分業の色が強くなってしまい，医療・福祉系学生が実装に関与する機会や工学系学生がニーズ分析に関与する機会が減少するなど，専門分野にとらわれない活動経験という点において学びの制約が生じるおそれがあります。

参加学生が異分野協働の意義を学べていることは間違いない一方，上記のようなねらいに対しても効果が得られるよう，学生やグループ活動に対するさらなるサポートが必要です。異分野協働から得られる経験として，ものづくりの各段階をバトン形式ではなく並走・協働で実現できることが望ましいのではないでしょうか。

5.3 領域別に見る学生の学び：異分野協働の特徴と変化

前節では参加学生全体を母集団としたコメントの分析を実施しました。参加学生の専門領域によって学びの特性が生じている可能性があることから，

同コメントを参加学生の領域別に再度整理し，その傾向を分析しました。図5.6には，各専門領域の学生の学びの関係性をキーワードで整理しました。

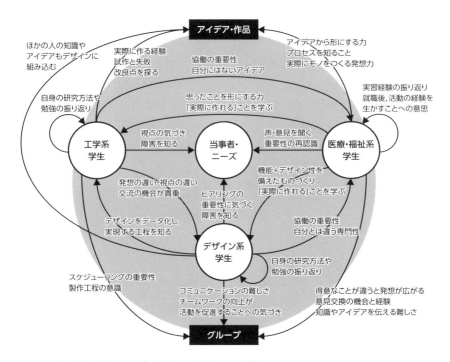

図5.6 各領域の学生の学びと学生・当事者の関係性

5.3.1 専門領域別に見る学生の学び：
質的に読み解く

　ここでは，学生の専門領域ごとに整理したコメントから，各領域の学生の学びを整理し，領域ごとにその特徴を紹介します。

（1）医療・福祉系学生の学びの特徴：当事者の声と実習経験
　医療・福祉系学生の所属学科としては，作業療法学科，特別支援教育学科，

保健学科などがあります。医療・福祉系学生の学びの特徴として，

① 当事者の声を聞く重要性の再認識
② 過去の実習経験との比較
③ 就職後に向けた経験の生かし方を考える

の3点が挙げられました。病院などでの実習経験を有する学生が多く，当事者との関わりの重要性に対するコメントや，NIFプロジェクト参加経験をもとに，他の経験や今後の自身の進路を考えようとするコメントがありました。

図5.7 医療・福祉系学生の学びの構成とコメント事例

(2) デザイン系学生の学びの特徴：チームワーキングに対する意識

デザイン系学生の専門領域としては，インダストリアルアート学域，メディ

ア研究領域，デザインコース研究領域などがあり，これらの所属学生のコメントを分類しました。デザイン系の学生からのコメントは，

① 他分野の学生との協働が初めてであること
② チーム内コミュニケーションの難しさ
③ 直接ユーザーから話を聞けること

に対する気づきが多く述べられていました。

特にチーム内のコミュニケーションに対する困難はデザイン系の学生から多く述べられていたもので，グループ活動のなかでも特にデザイン系学生がチームのとりまとめやチームワークを気にかけながら活動していた可能性があります。

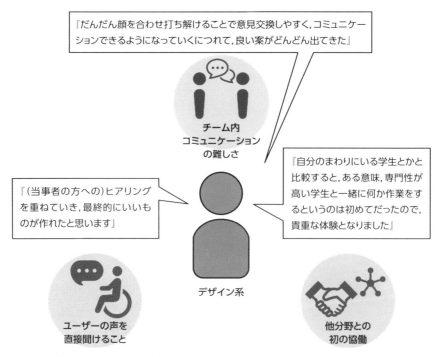

図5.8 デザイン系学生の学びの構成とコメント事例

（3）工学系学生の学びの特徴：ものづくりの経験と他者との関わり

　工学系学生の専門領域は，機械工学科，ロボット・メカトロニクス学科，システム学科などが該当しました。工学系学生は，

　① ものづくりの製作工程や経験

　② 異分野の学生から学ぶこと

　③ 当事者や障害，ニーズを意識すること

について多く言及していました。

　工学部に入学しても実際のものづくり経験がない，あるいは少ない学生は多く，本プロジェクトへの参加はゼロからものづくりを経験するきっかけになっている可能性が見て取れます。学部や学科によっては支援機器や障害について学ぶ機会は医療・福祉系学生と比較して少ないケースも珍しくなく，

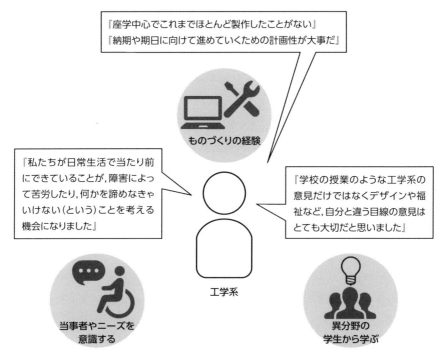

図5.9　工学系学生の学びの構成とコメント事例

本プロジェクトへの参加により初めて障害について考えるきっかけを得た学生もいるようです。

（4）領域で共通する学びの特徴：異分野協働と当事者の存在

　全領域の学生のコメントにおける共通点としては，当事者の意見の重要性や，異分野の学生との協働の重要性や課題について述べていることが挙げられます。

　コメントでは，『どこまでできるのか，今まで想定している範囲でしか動けませんでしたが，当事者と実際にお話しをすることで，製品開発への大きな一歩になったのではないかと感じました』『私自身，［中略］いわゆる機械的，機能的な自助具しか頭に浮かばなかったのですが，［中略］デザイン科の方が，だったら自助具自体をかわいくしたほうがいいと提案してくだいました』『グループの皆さんとは違う分野で，発想点も違ってくるし，こういう交流するということは，同じ学科の皆さんとはなかなかできなくて，自分のなかでも貴重な体験だと思っています』など，異分野の領域の学生が持つ視点やアイデアに対する驚き，気づきなどが述べられています。

（5）領域で異なる学びの特徴：当事者との関係や意見のとらえ方

　実際の取り組みのなかでも観察される特徴として，当事者の意見や声に対する考え方があります。医療・福祉系学生はデザイン系・工学系学生と比較して障害ニーズや当事者の話をものづくりやアイデア出しの起点として意識しています。一方，デザイン系学生は当事者の意見や状態像をデザインに取り入れる視点があり，工学系学生は設計や評価などものづくりの工程と当事者を関連づけている視点が見られます。

　これらの違いから，学生それぞれの視点や意見・背景を共有しつつも，自身の専門分野をあらためて意識し，活動のなかでの各自の視点を発展させ，調整している可能性があります。いずれも当事者の意見に耳を傾けることの重要性を感じていると同時に，当事者の声のとらえ方の点において専門領域別の特徴が生じているように見受けられます。

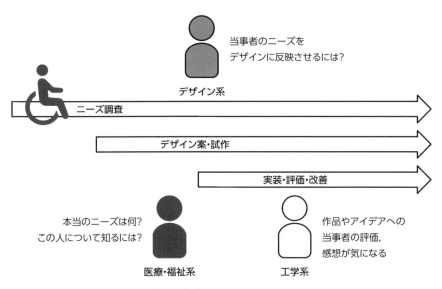

図5.10 当事者との関わりに対する意識の違い

5.3.2 専門領域別に見る学生の学び： 量的に読み解く

　前項では，専門領域別に学生のコメントを分析しました。学生のコメントはこれまで質的に分析・整理を行ってきましたが，ここでは，学生のコメントから頻出名詞とその頻度を調査し，図5.11に示すように領域別にまとめました。

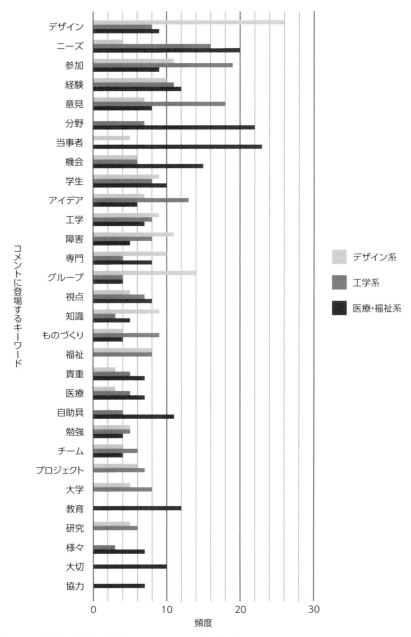

図5.11 学生の学びを構成するキーワード（領域別）

（1）医療・福祉系学生のコメントを構成する要素

　分析結果の特徴は前項で述べた特徴と一致しており，医療・福祉系学生のコメントに登場する頻出単語としては，「当事者」「分野」「ニーズ」などがありました。また，それ以降にも「デザイン」「医療」「工学」「アイデア」などが頻出単語となっており，NIFの目的である「医療・福祉系・工学系・デザイン系学生が」「ニーズを探り」「アイデアを創出する」ことを学んでいることが確認できます。

（2）デザイン系学生のコメントを構成する要素

　デザイン系学生のコメントでは，最頻出単語が「デザイン」「グループ」「参加」であり，自身の専門性や活動のなかでの役割を再認識していると考えられます。唯一「コミュニケーション」という単語がデザイン系学生のコメントから登場しており，上述したように，活動やものづくりにおけるチーム内のコミュニケーションの重要性を述べている学生がいました。

（3）工学系学生のコメントを構成する要素

　また，工学系学生は，「ものづくり」「製作」「試作」など「作ること」に関連する単語が多く出てきていました。これは，これまでのものづくり経験を述べたコメントや，反対に『座学中心でこれまでほとんど製作したことがない』など，自身のものづくり経験の不足を振り返るもの，活動のなかでの自身の役割，また，チームでのものづくりに言及したコメントが多くありました。「形」「もの」「見た目」など，ものづくりのうえで生じる成果物の特徴についてのコメントも目立ちました。

（4）領域間で共有されるキーワードとその特徴：
　　「ニーズ」と「デザイン」

　領域別に分類したコメントデータから頻出単語を50語ずつ抽出した結果，医療・福祉系学生−工学系学生のコメントデータの共通単語が「大切・重要」「分野」「形」など28語，工学系学生−デザイン系学生のコメントデータの共通

単語が「福祉」「大学」「研究」など25語, デザイン系学生−医療・福祉系学生のコメントデータの共通単語が「当事者」など21語, 3領域の共通単語が「グループ」「参加」「経験」「アイデア」「ニーズ」など17語となりました。

「チーム」と「グループ」などの表現の軽微な差異も含んでおり, この数値がそれぞれの領域における学びやその共有の度合いと直結するわけではありませんが, キーワードとして特徴を反映している点も見られました。

特に興味深い特徴として, 医療・福祉系学生からは「ニーズ」についての振り返りコメントが多い一方, デザイン系からは「アイデア」に対する振り返りコメントが多く, この二つの領域のコメント内では「ニーズ」と「アイデア」の登場頻度が逆転しています。また, 工学系は「ニーズ」「アイデア」がそれぞれ3番目, 4番目の頻度の単語となっており, 医療・福祉系, デザイン系と比較して「ニーズ」「アイデア」への注目が同程度であった可能性があります。NIFプロジェクトでは, これらの3領域の学生がバランスをとり, 視点を共有し, 意見を交換しながら活動を進めていたことが読み取れるのではないでしょうか。

5.3.3 学生の学びに焦点を置いた異分野協働の効果と課題

(1) 異分野協働の重要性への気づきと経験

異分野協働の重要性やその効果は先述したように, 学生が連携の重要性に気づき, 実際に連携して協働の経験と工夫の機会を得る点にあります。学生のコメントには『専門性の違いから意見のすり合わせには時間がかかり難しい』『他者との連携が新しい支援の視点やサポートを生み出すきっかけになることを知った』『他大学の異分野の人と一つのグループになり一つのモノを作ることは, 今までになかった視点や知識, 考え方, アイデアなど違う意見が聞けて勉強になった』などがあり, 実際の活動のなかで異分野協働の重要性に気づくことができた次の段階として, 円滑な異分野協働の実現に対する学びを得るのではないでしょうか。

(2) 異分野協働の円滑化に向けた主体的な工夫の創出

　学生の主体的な活動のなかでは，異分野協働の重要性への気づきから発展する主体的な工夫が数多く見られます。『他大学，他領域とのコラボレーションには互いが持っている背景や知識が違うので，たくさんの話し合いが必要だった』『試作品をチームに持っていくと，実際に医療系の学生やデザイン系の学生がいまして，そこでどのようにより良い，［中略］ブラッシュアップすればいいか，話し合う機会を設けました』などのコメントがありました。上記のような学びや経験は学生が受動的に獲得しているものではなく，話し合いを重ねていくなかで学生が主体的に獲得したものであると言えます。

(3) 異分野協働の課題：オンライン環境下での分業化

　感染症対策や参加者の拡大により普及したオンラインでのNIFプロジェクトでは，異分野協働の課題も多く挙げられます。前述したように対面作業の機会が相対的に減少してしまう点や，ものづくりの作業工程を共有することが困難になる点が挙げられます。特に後者は工学系学生への作業の集中や，医療・福祉系，デザイン系学生の製作工程の経験の相対的な減少につながってしまうことが懸念されます。領域の専門性は生かしながらも単純な分業にならないよう，柔軟に活動するような声掛けを続けるとともに，3DプリンターやXR（Extended Reality/Cross Reality）など，これからのものづくりやコミュニケーションの基盤となる技術をツールとして参加学生に提供し，遠隔地でも一緒にモノを作ることができる環境を構築することが必要です。

(4) 活動中の適切なサポートの難しさ

　活動中の困難に対するサポート方法も課題となっています。『自分個人の作業の進捗内容がグループ内に共有できないということがあって，これからのことを考えるとこういったことにも慣れていかなければとも思いました』といったコメントもあり，グループ活動の経験が少なく，進捗管理やグループ活動そのものに対する困難に直面する場合があります。

　NIFプロジェクトは「うまくいかなかった経験」も含む学びを得る機会でも

あり，必ずしもグループ活動や作品製作が「成功する」ことに重点を置くものではありません。一方，NIF プロジェクトは数か月に限られた活動のなかで多くのことを経験するため，グループ活動そのものに対する試行錯誤の期間が長くなると相対的にニーズ調査や支援機器開発の工程に取り組む時間が限られます。参加学生が何を学び経験したいのか，あるいは教育者であれば，何を学ばせ経験させたいか，そのために何をサポートして何をサポートしないのか，学生の主体的な活動を軸にしながら適切なサポートを検討することが重要になると考えられます。

▌ 5.4 学生の学びから得る成果と課題

　NIF プロジェクトは支援機器開発にかかわる人材育成プログラムであり，開発された人材育成プログラムとして，参加学生の学びの妥当性や今後の課題についての評価が必要です。

　前節までに示した学生の学びが，開発された人材育成プログラムの成果としてどう映るのか，今回の学生の学びは今後学生が支援機器開発に携わる人材になるうえでどのように働くのか，参加学生に必要となるさらなる学びは何であるのか，「これまでの参加学生の学び」と開発された人材育成プログラムや今後の NIF プロジェクトの活動を結びつけるべく，本プロジェクトが参加学生に与えることのできた学びについて，総評，講評を記します。

5.4.1 学生の学びを振り返って：総評

「当たり前を知る」

国立障害者リハビリテーションセンター　研究所顧問

小野 栄一

　私が，参加された多くの学生に共通していると思うことは以下の三つです。
　一つ目は，学生が，本活動に参加当初，『言葉が通じない』と気がつく。

二つ目は，対象とした障害や障害のある人の生活に詳しくなる。

　三つ目は，障害当事者の視点で「もの」や「こと」に自然と気づくようになる。

　一つ目：多くの学生が，異なる専門の学生や障害当事者に，それまで同じ専門の仲間で話していた言葉（専門用語）が通じず，戸惑ったという経験をしています。普段，何げなく仲間内で使っている言葉が，意外と通じないことに当初はショックを受けたようです。ある医療系の学生は，医療・介護施設での実習中に患者さんに言葉が通じず，ショックを受け，他の専門の学生と話したらまた言葉が通じずショックを受けたと言っていました。

　二つ目・三つ目：車いす利用者を対象にアイデアを考えた学生は，車いす利用者の障害や車いす利用の生活について詳しくなると同時に，車いす利用者の視点で，また，視覚に障害のある人を対象にアイデアを考えた学生は，視覚障害や視覚障害のある人の生活に詳しくなると同時に，視覚に障害のある人の視点で，それぞれ物事に自然と気づくようになります。例えば，学生は，それまで気がつかなかったちょっとした道路の段差や傾きなどに，気がつくようになります。学生は，学ぶというより，対象となる人に役立つようにと一生懸命に考えているうちに，自然と気がつくようになるようです。

　学生は，「異なった専門の学生の協働」や「NIFの来場者との会話」を通じ，自分の専門をあらためて振り返ったり，多くのことを学んだりして，お互いの『当たり前を知る』良い機会を得ていると思います。参加学生が，大学卒業後にNIFに来場し，以前一緒にアイデアを考えたメンバー（専門が異なり，異なった大学に所属していた）と出会い，「久しぶり〜」と仲良く会話をしていました。私は，NIFプロジェクトへの参加経験が，「学生の将来のより良い人生」や「福祉国家の礎となる人材育成」の一助となっていると思います。

5.4.2 学生の学びを振り返って：講評

「多専攻学生の連携により深化する相互理解」

東京都立大学健康福祉学部作業療法学科

井上 薫・伊藤 祐子

東京都立大学健康福祉学部作業療法学科では，2015年からNIFプロジェクトに参加させていただいています。作業療法士は疾病や障害などにより生活に困難がある人が，やりたいと思うこと，行う必要があることを遂行できるよう，人と環境に働きかけその実現を支援する役割を担います。なかでも，自助具や支援機器といった道具は「できる」ために重要な要素です。学生は作業療法を学ぶなかで当事者の皆様に出会い，心身機能や構造，活動や参加のニーズを知る機会を得ますが，ニーズを形にすることの難しさも同時に経験します。そこで，学部4年次選択科目「作業療法支援機器研究」の一環として継続してきました。NIFプロジェクトに参加した学生たちにとって，ニーズがある当事者に本当に役立つ支援機器開発は，工学系やデザイン系，医療・福祉系などの専門的知識・技術を持つ者たちが連携するなかで生まれるということに気づくことは大きな学びであると思います。また連携するなかで専攻の異なる学生どうしが互いに自己の知識基盤を生かして議論し試行錯誤するチャレンジは，相互理解の深化につながるまたとない機会だと考えています。

「異分野との連携が知識強化のきっかけになる」

東京電機大学 工学部 機械工学科

井上 淳

東京電機大学はいままで，機械工学科，ロボット・メカトロニクス学科，建築学科，理工学科電子工学系の，いずれも工学系の学生が参加してきました。そのなかで，学生から聞かれた声として最初は「なんだかやりづらい」というところが多いというのが印象です。実際にはこの反応は，NIFプロジェクト

を企画・実施するうえでねらっていた反応でした。やはり，自分たちと知識のバックグラウンドが異なる相手との協働にはハードルがあり，それを経験した結果が「なんだかやりづらい」という感想になるということです。本書でも何度か触れているように，異分野の相手とは知識も言葉も異なってくることを，学生はそこで初めて理解します。その後1か月くらい経ってくると，全員ではありませんが，今度は「難しいことを言われる」という感想が出てきます。これには二つの要因が絡んでおり，一つは，相手が工学系に過剰な期待をしているということ，そしてもう一つは，自分の知識が本来達しているべきところまで到達していないことです。前者は，相手とコミュニケーションを深めていくことで，将来，他職種の人間が何ができるのかを把握する，自分が何をできるのかを伝達する練習になります。そして後者は，自分ではわかっているつもりでも，知識が固まっていないために，実技術としては使えない知識のままで止まっていることを気づかせてもらえるということにつながります。これらの経験は学科内や似たような知識のバックグラウンドを持っている相手どうしではできない経験であるため，工学系の学生にとって，自分の技能や知識強化のきっかけになるいい機会だと考えます。

「障害当事者と異なる専門領域の学生が一緒に考えるデザイン」

千葉大学 デザイン・リサーチ・インスティテュート

寺内 文雄

　千葉大学工学部デザイン学科・デザインコースは，初回からNIFプロジェクトに参加させていただいています。コースに所属する学生は，企業や事務所でデザインをすることを目指して入学してきます。そのため授業では，多くの方々を対象としたデザインを考えることになります。それに対してNIFプロジェクトでは障害当事者のニーズに応えることを目指すことから，対象者が明確になっている点に大きな違いがあります。そのためモノやコトのデザインを考えるにあたって，当事者の方々と関わること自体がこのコースの学生にとっては初めての経験となります。このような場面では，ずいぶん医療・福

祉系の学生に助けられてきているようです。医療・福祉系の方たちは，障害についての知識があるだけでなく，当事者と接することに慣れているからでしょうか。一方，工学系の学生が電気部品や機構に詳しく，アプローチが自分たちとは大きく異なっている点に驚かされているようです。

　これまで他領域の専門性を尊重しつつも，その違いに戸惑いながら，なんとか自分たちの専門を生かして当事者に貢献しようとする学生を見てきたように思います。社会に出てからも，この経験を生かして世の中に貢献してほしいと思います。このような貴重な機会を与えていただけたことに感謝するとともに，今後もできるだけ継続していただきたいと願っております。

5.4.3　今後の学生の学びを深めるために

(1) これからのNIFプロジェクト
　本章では，活動の最終段階である成果報告会における学生の総括コメントを読み解き，NIFプロジェクトを実施するなかで学生が得た学びや経験について分析を試みました。今後，NIFプロジェクトのカリキュラム導入やプロジェクト参加による学生の学びや変化について，さらに分析を進めることでNIFプロジェクトプロジェクトが有する人材育成効果を明らかにしていきます。

　また，NIFプロジェクトで生まれた作品はWebページでその詳細を公開しており，実用化を期待する問い合わせをいただくものも多くあります。現状，作品が直接実用化・製品化には至っていないことから，今後は企業や大学との連携を強化し，具体化されたアイデアや試作品を実用化にむけてブラッシュアップし，評価・検証へとつながる仕組みづくりが必須であると考えています。

(2) 学生の作品から読み解く学生の学び
　数か月の取り組みのなかで参加学生が得た学びは，コメントだけでなく作品にも大きく反映されています。次章では2018年度から2022年度の取り組みのなかで学生が実装した作品を紹介しています。学生の試行錯誤や創意工夫を読み解きながら，学生の学びや経験を感じてみてください。

作品実例の紹介

　本章では，以下の成果発表会において報告された成果物と，各回のゲストコメンテーターからのコメントの概要を紹介します。成果物に関する内容は，学生の報告内容に基づき引用改変したものです（記載は常体で統一しています）。

※詳しい内容やカラー写真は，ニーズ＆アイデアフォーラムの Web サイトを参照ください。
http://n-i-f.jp/

◇ **ニーズ＆アイデアフォーラム 2018 第 5 回成果発表会**
　日程：2018 年 12 月 20 日（木）
　場所：KFC ホールアネックス（東京都）
　参加大学：首都大学東京, 東京学芸大学, 千葉大学, 女子美術大学, 東京電機大学, 埼玉大学

◇ **ニーズ＆アイデアフォーラム 2019 第 6 回成果発表会**
　日程：2019 年 12 月 15 日（日）
　場所：KFC ホールアネックス（東京都）
　参加大学：首都大学東京, 東京学芸大学, 千葉大学, 女子美術大学, 東京電機大学, 千葉工業大学, 東京都立産業技術専門学校, 埼玉大学

◇ **ニーズ＆アイデアフォーラム 2020 第 7 回成果発表会**
　日程：2020 年 12 月 13 日（日）
　場所：オンライン
　参加大学：東京都立大学, 千葉県立保健医療大学, 千葉大学, 女子美術大学, 埼玉大学

◇ ニーズ＆アイデアフォーラム 2021 第8回成果発表会

    日程：2021年12月25日（土）

    場所：オンライン

    参加大学：東京都立大学，尚絅学院大学，千葉大学，女子美術大学，埼玉大学，
    東京電機大学

◇ ニーズ＆アイデアフォーラム 2022 第9回成果発表会

    日程：2022年12月17日（土）

    場所：オンライン

    参加大学：東京都立大学，山梨大学，尚絅学院大学，千葉大学，女子美術大学，
    埼玉大学，九州大学，東京電機大学

〈2018〉　2.5次元パズル
〜発達障害児のための体験型学習

ニーズ

　本製品の対象となるのは障害を持った幼児のうち, 特に視覚認知に苦手さがある者を想定している。

　細かいパズルで遊ぶのが難しい肢体不自由児もこのうちに含む。肢体不自由児の療育に関わる作業療法士および心理士におもちゃのニーズを聴取したところ,『触ることで完成図の形がわかるパズルがほしい』というニーズが上がった。本製品はこのニーズを満たすものとして作成した。

調査

　杉並区立こども発達センターに見学へ行き, 心身の発達の遅れやその心配のある子どもが実際に使用している簡単なパズルや指導者自作の光るおもちゃを調査した。

アイデア

　『触ってわかる, 見てわかる』をコンセプトに型はめパズルを作成した。強い視覚情報で認識でき, 手先作業に苦手さのある障害児にも達成感が得られる。

提案システム

　パズルの土台と図案の高低差があることで完成した形を視覚・触覚で認知することができ, ピースをはめたときにLEDライトが光る。

発達障害関係のいろんな施設に行くこともあって, 教育関係の方々とお会いし, 最近だと視覚障害ということだけでなく, 発達系の視覚認知の問題もクローズアップされてきている。どうやって療育に結びつけていくかがテーマになってるところなので, 遊びながらできるのは素晴らしい考え方です。課題があり一つクリアしたら, 次のために出てくるような連続性が出てくると, ストーリー性として面白いなと思いました。光だけではなくて音が出てくるとか, 何か工夫も考えられると思いました。

（成松一郎氏　専修大学講師, 有限会社読書工房代表）

片手で使えるパウチホルダー

ニーズ

　聞き取り調査によって、片麻痺者特有の「物の固定」に関するニーズが多く挙げられた。特に中身が液状のもの、容器が柔らかく小型のものは固定が難しく、ハサミを使用しても開封が難しいことが明らかとなった。

調査

　既存の製品としてパウチ絞りや離乳食用のパウチスタンドなどはあるものの、片手で使えるような形状の製品は存在しないことがわかった。一つで固定する・開ける・絞る動作を補助することが求められると考えた。

アイデア

　開封の際に内容物がこぼれないような角度、かつ、皿などに盛り付ける際にこぼれないよう高さを調節できる形状を考えた。

提案システム

　パウチの固定は磁石で行い、皿のふちに注ぎ口を載せて傾け、ヘラを滑らすことで内容物を搾り取ることができる。

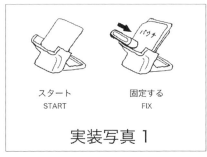

スタート　　　　固定する
START　　　　　FIX

実装写真 1

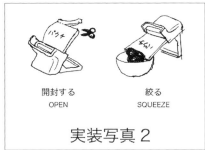

開封する　　　　絞る
OPEN　　　　　SQUEEZE

実装写真 2

　素材が工夫されていて、すべてを 3D プリンターで制作するのではなく、ステンレスの部分や、磁石を入れるなどよく工夫されていると思います。パウチの取り付けや取り外しなども片手でできる工夫がさらに必要です。また、片麻痺でなくても、熱いものを安全に入れられるものなら、ニーズも用途も広がって、改良次第で素晴らしい便利グッズになると思います。

（高橋玲子氏　玩具メーカー勤務、視覚障害者）

片麻痺の人のための
キャップオープナー

ニーズ

障害を抱える人は，食事，整容，入浴などの日常生活に不安を抱える人が多い。また，現存する補助器具は有料である。体の不自由がなかったときにできた動作をするためにお金をかけるということに抵抗がある人もいる。そこで，なるべく低価で，持っていても負担にならない補助器具が必要になっている。また，調査の結果，歯磨き動作に多くの不安があることがわかった。

調査

片麻痺患者にインタビューを行い，不安を抱える動作は食事，更衣，整容，ト

イレ動作，入浴，車いすへの乗降であることがわかった。あったら便利なものとして，キャップを簡単に開ける器具，ICカードの残高を知らせる機器，歯磨き粉を1回分出す器具が挙げられた。

アイデアと仕組み

片麻痺患者のための歯磨き補助具として，次の3個の機能を持つ製品を目指す。①回転式のキャップの開閉ができる，②歯ブラシの固定ができる，③器具自体が地面に固定できる。

使用プロセス

回転式キャップの開閉として，キャップを固定する台を作り，その台を回転させられる形を考えた。また，歯ブラシの固定として，ブラシを立てかける部分を考え，器具自体の固定として裏面に吸盤を付けることを考えた。

なかなかキャップを開けられないんですね。ペットボトルは，最初に開けるときに力が要るので難しいかもしれないですが，うまく改良してほしい。先ほどのプレゼンだと逆さにするので，液体は出てしまう。上から押さえつけて回すようなことができたらペットボトルも開けられるかなと思います。電気的にモーターをつけて回すこともできないことはないのかなと思います。当事者の生活全体を見たアイデアの一つをぜひ見ていただきたい。そうすると，ニーズのなかに，また見えないニーズが見えてくると思います。

（麸澤孝氏　有限会社セカンドステージ，電動車いすユーザー）

〈2018〉
楽しいさわれる絵本

ニーズ

- 対象：視覚障害（弱視）を持つ就学前の幼児
- 目的：動物の概念を学びたい
  触覚と聴覚で認識したい
  絵本を楽しみたい
  晴眼者と共に楽しみたい

調査

- ぬいぐるみ→知育玩具としてあまり見かけない
- 立体のリアルな模型→製作が難しい
- 絵本→音が出る絵本や触覚のある絵本は既存するが，立体で視覚障害に対応したい

アイデア

- 2.5Dプリンターと音声出力のある絵本の制作→イラストを2.5Dプリンターで出力することにより，触って絵を理解でき，本文を音声で聞ける

提案システム

- 触れる
- 聞ける
- 大きいはっきりした絵
  本文と色使い
- 晴眼者と共に楽しめる

絵だけでなくて，文字も触れるような加工をしていますね。手を出して触ってみようという気持ちになることは，子どもにはとても大切です。いろいろな感触になるような加工が施され，様々な素材を使用することで指に素敵なフィードバックがあることも素晴らしく，音が出るところも楽しい。今後絵本づくりを続ける際には，全盲の子も触ったらどうだろうと，実際に目をつぶってやってみながら作っていただければ，発展性があって素敵だと思います。

（高橋玲子氏　玩具メーカー勤務，視覚障害者）

〈2018〉 KAGUYA
～視覚障害を有する方のための調乳装置の提案

ニーズ

国立障害者リハビリテーションセンターに通所する視覚障害者の方の「調乳に困っている，便利な哺乳瓶があれば…」という声に基づき，本装置の開発に取り組んだ。

調査

多くの視覚障害当事者に役立つ商品を提案するために調査を行い，以下の課題と工夫が明らかとなった。

- 火の扱い→グローブの活用
- 水の沸騰してからの温度→調温ポットの活用
- ミルク作り→液体ミルク
- 哺乳瓶にお湯を適量入れる

コンセプト

かぐや姫のように，竹から出てきた赤ちゃんがすくすくと育つようにというコンセプトで作成した。

デザイン

- 竹状にしたことにより，弱視の方でも哺乳瓶のメモリが見える
- 計量カップとしても使えるように哺乳瓶兼計量カップとした
- すべり止めを底部に使用

提案システム

水の量を設定し，水を注ぐとドレミファソラシドとメロディーが流れ，聴覚で水の量を知らせてくれる。マイコンはArduino nanoを使用し，重さの計測には圧力センサーを，音の出力は圧電スピーカーを使用した。また，リチウムイオン電池の使用により，無線で調乳ポットの充電も可能なので持ち運びもできる。

実用性が高く，非常に応用が利くと思います。ヒアリングで「ミルクを作るのが大変だ」という声から，これを考えたそうですが，何かをコップにつぐこともそうだし，料理する場面でも量を量るのは大事なことで，いろいろな場面で必要とされています。重量が量れ，ドレミファソラシドと聞こえてくるのはすごくいいアイデアです。課題として，そこの設定をもっと細かくできるようにしたいと言っていたので，それができてくるとよいと思いました。安全性もこれから考えられると思います。

（成松一郎氏　専修大学講師，有限会社読書工房代表）

自動販売機用小銭投入口補助具

ニーズ

①一人で自動販売機の飲み物を購入したい。②肢体不自由者への聞き取りから，自動販売機で商品を購入する際の困難が挙げられた。指先の動きにくさにより硬貨をつまむことが難しく，自動販売機の小銭投入口へ入れにくいことがわかった。

調査

肢体不自由当事者二名に対して，社会生活における困難について聞き取り調査を行った。指先の微細運動が困難であることから，自動販売機の商品が購入しにくいことが明らかになった。また，

既存の自動販売機を調査して，投入口に受け皿のようなものがあった。すべての自動販売機で，使いやすくするために，この受け皿を参考にした。

アイデア

どの自販機でも，流すように硬貨を投入できるような形状にした。

提案システム

投入口の半球状になったくぼみに補助具の先端がはまることで，簡単に固定でき，スムーズに投入できる。

実装・モックアップ

コインを投入するために，円筒状で回す，押す，小銭入れに補助具を付けたものといった試作品も制作した。

こんなに違う試作を考えられる頭の柔軟さがさすが若さだなと思います。今回の小銭投入口補助具には生かせなかったんですが，ぜひ違う形で発展的にしてもらいたいと思います。もう一つこれは厳しい言い方になりますが，小銭を使う機会は私たちも少なくなってきているので，小銭を使うという機器も大事ですが，障害のある方々はいろいろなカードも出しにくいので，それを助ける補助具の希望があるので，それにも対応できるようなものに変更していただけるといいなと思いました。

（吉井智晴氏　東京医療学院大学リハビリテーション学科教授，
日本理学療法士協会常務理事）

〈2019〉
聴覚障害者に配慮した情報伝達手段の検討

ニーズ

　電車の事故, 遅延情報は音声情報で済まされることが多い。しかし, 聴覚障害者の方々が情報を得るのにタイムラグが生じる。そのため情報をリアルタイムで入手し, 自ら今後の移動計画を考えることが望まれている。

調査

　聴覚障害者の方にヒアリングを行ったところ以下の意見を得た。①音情報をリアルタイムで文字情報に変換してほしい。②誰かに情報を尋ねるのをためらってしまう。③SNSの情報には少し抵抗がある。

アイデア

① 車内アナウンスを文字情報化するアプリ→雑音が多い空間から機械音だけを拾ってくるのは技術的に困難であるために今回は作成を断念

② 電車の位置情報と運行計画から遅延を計算する→予定された運行計画と実際の速度, 位置情報から遅延が発生するかどうかをいち早く知らせる。遅延の原因や迂回情報などのその他の情報のサポートに懸念が残ることと, 車両の位置情報を所得する方法が思いつかず断念

③ 車内アナウンス共有アプリ→情報共有のエリアを対象車両に限定し, 健常者が聞き取った情報を投稿する仕組み。SNSに抵抗があることや, プライバシーの問題を考慮して作成を断念

④ お願い手帳機能付き乗り換えアプリ→NTTが作成しているお願い手帳から文字情報を減らし, 音声入力を使いやすいように再構成する。健常者に物事を尋ねるときの負担を少なくなるように試みたが完成させることができなかった

聴覚障害の方は電車の遅延や事故の情報の入手が遅れてしまうのが, 大変大きな問題だと思います。最初は, そういう情報を音声認識して音声で出てくることを目指されたようでしたが, うまくいかなかったようです。その代わりに, まわりの方から音声情報を文字情報として受け取る代替手段として考えたのは素晴らしいと思います。

（新田收氏　東京都立大学名誉教授, アール医療専門職大学教授)

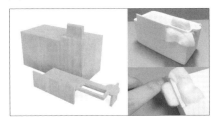

〈2019〉
頚髄損傷者のための
ネイルケア補助具

ニーズ

　第6頚髄損傷者の方を対象とし，ヒアリング調査から得られた「マニキュアを綺麗に塗りたい」や「爪磨きがしたい」というニーズに応える自助具を考えた。第6頚髄損傷者の方には難しい「綿棒をつまみ，はみ出した部分を落とす」というニーズに応える。

調査

　マニキュアを落とす際には主に除光液が用いられる。マニキュア全体を落とすのにはコットンを，細部を落とすのには綿棒を用いる場合が多い。

　ヒアリング調査より，頚損の方はマニキュアを落とす際に除光液を浸したコットンを押し当てて使っていることがわかった。

アイデア

　① コットンや綿棒は使い捨てである
　② 綿棒は先端ではなく腹を使う
　という2点からアイデアを出した。

提案システム

　突起にコットンを載せ，上から穴の空いた蓋を押し込むことで，マニキュアのはみ出した部分をピンポイントで落とす。挟むモノを紙やすりにすることで，爪磨きも可能である。

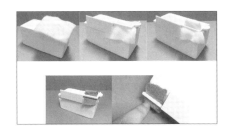

高齢者，障害者のメイクアップはモチベーションや気持ちのうえですごく重要だと言われています。そのあたりに目をつけられ，物としての形も可愛いらしく，とても素晴らしい。ネイルケアの，端を綿棒で取るのは，樹脂で作ろうとしたけどダメで，木で作りましたと。木で作るという手触り感，材質がいいなと思って見ていました。

（新田收氏　東京都立大学名誉教授，アール医療専門職大学教授）

態でセットしたのち，手を差し込むことでグローブを装着する。グローブの開口部を引っ掛けることで外すこともできる。

提案システム

　曲げたアルミパイプに布やゴムを付け，底部を固定することで，片手でグローブの着脱ができる自助具を提案する。

ニーズ

　片麻痺のある方にとって，園芸で使用する軍手などのグローブを非麻痺側の手にはめたり，外したりすることは困難である。現状では口を用いている。そのため，片手でグローブをはめたり，外したりできる自助具が必要である。

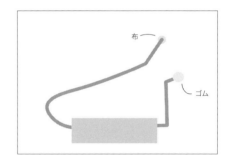

調査

 無菌ボックス手袋
　手袋の開口部が筒状に開かれており，手を使うことなく着脱が可能である

アイデア

　グローブの開口部を円形に広げた状

軍手のはめ方，外し方をどうやって考えたのか，なんでこういう形になっているのか。どういう方法でこうなったのか。例えば，何のためか聞いて，どういう角度で選んだのかというデータの裏付けがあって，それに基づいてこういう形ができた，というプロセスもあったほうがいいと思います。
　（渡邉儀一氏　富士通株式会社東京オリンピック・パラリンピック推進本部）※当時

〈2019〉

頚髄損傷者のための
自動販売機小銭使用補助具

ニーズ

　頚髄損傷者から，自動販売機での小銭使用が難しいというニーズが挙げられた。指先が動きにくいことにより，小銭をつまんで小銭投入口に入れる動作やお釣り返却口から出てきた小銭を拾う動作が難しいということがわかった。

調査

　昨年度の提案物である小銭投入口補助具について調査を行った。小銭を拾う動作までしたいという意見や補助具自体を使うための指を通す場所がほしいといった改善点が判明。

アイデア

　お釣り返却口から小銭を拾える形状を考えた。また，補助具自体を使うために，指を通すためのバンドを取り付けた。

提案システム

　お釣り返却口に補助具がはまることで簡単に固定でき，外側の滑り止めにより，ズレることなく小銭を拾える。

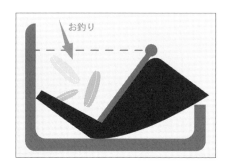

実装・モックアップ

お釣りも取りにくいということで，主には取出口のサイズが3種類ぐらいありますが，そのうち2種類には適応できているので，もう一息かなと。いろいろなサイズのものに適応性のある素材や，柔らかさの工夫についても，将来性があり，目の付けどころがとてもいいと思いました。

（新田收氏　東京都立大学名誉教授，アール医療専門職大学教授）

ニーズ

第6頚髄損傷の方を対象とし，ヒアリング調査から得られた「マニキュアを綺麗に塗りたい」というニーズに答える自助具を考えた。第6頚髄損傷者の方には難しい「マニキュアのキャップをつまんで塗る」というニーズに応える。

調査

ヒアリング調査によると，マニキュアを塗る際は親指と人差し指の間でキャップを挟み，肘と腕を器用に使い塗っていることがわかった。また，キャップを開ける最初の動作が一番大変という声があった。

アイデア

① キャップの開封や塗る動作が簡単にできる
② 様々な色を試すことができる（対応ブランド）
③ 室内に置いても可愛い女性向けのデザイン

提案システム

化粧品のファンデーションより着想。上蓋に穴が空いており，対応ブランドのマニキュアのキャップにはめる。そのまま土台にセットし，軽く捻るだけでキャップが外れ，塗ることができる。土台は吸盤になっており，レバーを動かすことで簡単に脱着が可能になる。

第1回のNIF成果発表会にも参加したのですが，最初のころはトイレやお風呂に入ることなど生活に根ざしたものが多かったです。今回ももちろん生活に関係していますが，もう一歩踏み出した趣味や余暇，自分の楽しみというところに気を回してくださったのは非常にありがたいです。ユーザーとしてはそういうものを工夫してほしいというリクエストはあるのですが，何となくユーザー側からそれを言うのは遠慮みたいなものがあるので嬉しいです。

（鈴木ひとみ氏　人権啓発講師，パラリンピック射撃日本代表）

視覚障害者向け
歩行者信号認識カメラ

ニーズ

視覚障害の方々にとって歩行者用信号機の色を認識することは非常に困難である。それを補助するために音響式信号機があるものの, 近隣住民への配慮から午後9時から午前7時の間は誘導音が切られており, この時間帯の補助が求められている。

調査

● シグナルエイド→遠隔で信号機を操作することが可能。ただし対象は信号機全体の約10%
● 信号機の色を認識して音声で知らせるアプリ→警視庁が現在開発中で2020年以降に実装予定。 スマ

ホに不慣れな高齢の視覚障害者が使いこなせるかが懸念される

アイデア

歩行者用信号機をカメラで読みとって利用者に音声で結果を伝える。 本提案では信号機側の機能に影響を受けることがなく, 比較的低コストで実装できる。

提案システム

一度電源を入れると利用者は特別な操作を必要とせず, カメラが自動で信号を識別し色を音声で伝える。

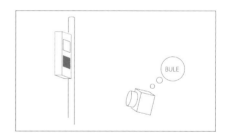

実装・モックアップ

視覚障害者の信号認知を助ける機械は要望されることで, 現状では自分が通るルートを写真に撮り, その場所に合わせて操作すると, なかなかの確率で認知できるということです。プラス, 画像認識技術は, どんどん進んでいる。将来性のある研究だと思いました。

(新田收氏　東京都立大学名誉教授, アール医療専門職大学教授)

頚髄損傷者のための
ストロー用紙パック開孔具

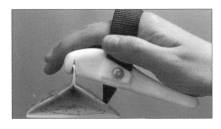

アイデア

指を動かさずに操作できるように, 手首を主に扱う道具を考えた。また, てこの原理を利用し, 強い力を必要としない機構を考えた。

提案システム

バンドに指を通し, 紙パックの屋根の部分に器具を引っ掛ける。そのまま手首で器具を押し込むと穴が空く。

ニーズ

第6頚髄損傷者の方は指を自由に動かすことができないため, 紙パックを開封することが困難である。今回は, そのような頚損の方が容易に紙パックの飲料を飲めるようにするために, 紙パックにストローを挿すための穴を空ける補助具を提案する。

調査

紙パックに刺した部分がそのまま注ぎ口になる商品があった。この商品はコンパクトであるため, 指を自由に動かせない方には扱いづらい。また, 強い力をかける必要がある。

実装・モックアップ

指を通すと針が出る。

ふちに引っ掛けて, 突起しているところで開けるのを実際に試しました。開発途上で, ふち引っかけ型の針が危ないとのことですが, 私は簡単にでき, 家にあったら便利だなと思いました。ただ, 針のところだけ発泡スチロールでカバーをして, 使うときだけそれを外せば使えるのではないかと思いました。

(鈴木ひとみ氏　人権啓発講師, パラリンピック射撃日本代表)

〈2019〉
T字杖の転倒を防止する杖ホルダー

ニーズ

　片麻痺患者や高齢者などT字の杖を利用している方が杖を手放して動作を行う場合，壁や机に立てかけることが多い。この際，杖が転倒や落下してしまうことを防ぐ自助具が必要である。杖に目立つアタッチメントを取り付けることは好まれない。

調査

- 転ばぬ杖：アタッチメントにより杖の先端が床面と離れても転倒しない
- 杖用ベルト：肩や手にベルトを用いることで手放しても体側に固定ができる

アイデア

　杖に磁石を付けることで手を放しても杖を体に着けておくことができる。また，柔らかい樹脂の突起を取り付けることで壁や机に立てかけられる。

提案システム

　取り外し先端が球状の柔らかい樹脂の突起により傾いても杖を支えることができるので，転倒や落下を防止する。

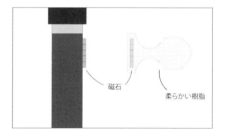

磁石　　　柔らかい樹脂

実装・モックアップ

左図：机に立てかける場合
右図：壁に立てかける場合

非常にシンプルでステキだと思いました。ポケットのなかに磁石を入れ，それが見えないようになっている。他の人が見ると杖が浮いているのかと不思議な感じ。でも，すごくおしゃれでいいなと思いました。もっと欲を言うと，人にぶつかったりしただけで杖は落ちてしまうので，工夫ができたらいいなと思います。

（鈴木ひとみ氏　人権啓発講師，パラリンピック射撃日本代表）

ニーズ

　高次脳機能障害により次の予定を忘れてしまったり，自分で計画を立てることが難しいことがある。携帯アプリを利用して管理しようと試みても，一般的に使われるアプリが複雑に感じたり，操作を忘れてしまい上手く使えないという問題がある。

調査

- マルチタイマー→複数のタイマーを保存可能
- グーグルカレンダー→多機能ではあるが画面遷移が多い

アイデアと仕組み

　画面遷移数を減らし単純化し，直感的に操作可能なデザインで設計する。キャラクターと色により楽しみを追加する。

提案システム

　アイコンをドラッグ＆ドロップすることで予定を作成。タイマーを連続して設定可能。

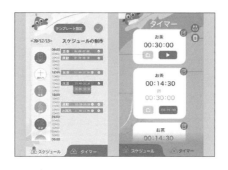

実装・モックアップ

とてもわかりやすい画面で，操作も簡単そうで直感的に使えるものだと思いました。タイマーも使いやすそうでした。ただ，高次脳機能障害といっても，障害の程度や障害の種類は様々な特徴がありますので，その障害のある方の特徴に合わせて，支援者が細かいところを設定できるともっと良くなると思います。また，音声認識も併せられるともっと使いやすくなると思いました。

（栗沢広之氏　医療法人財団利定会 大久野病院
リハビリテーション部技術顧問, 作業療法士）

片麻痺の方のための
ピアス装着自助具

ニーズ

ピアスはたくさんの種類があり，手軽におしゃれを楽しむことができるアイテムの一つである。しかし，ピアスはサイズが小さいものが多く，装着に細かい指先の操作が必要であるため，片麻痺の方は片手での取り付けが困難である。

調査

● イヤリングコンバータ→ピアスをイヤリングに変換して装着できる
● マグネットピアス→磁石の力で簡単に装着できる。ピアス本来のデザイン性が生かされていない

アイデア

ピアスの本体と留め具をそれぞれ自助具で保持することで片手での操作を可能にした。また，自助具をスライドさせるだけで装着できるようにした。

提案システム

自助具にセットしたピアスを穴に通し，スライドを閉じて装着する。クリップで留め具を挟みスライドを開いて脱着する。

実装・モックアップ

とても小さくて精度も求められるものなので，苦労されたと思います。3Dプリンターでそこまでできるのなら，もっと精度の高い加工ができれば，実用化されるところまでいけるのではないかと思いました。片麻痺の人だけじゃなく，手がしびれて細かい動きができないなど，ピアスを着けることを諦めている方はたくさんいると思います。そういった隠れたニーズも多いと思うので，これが製品化したときには需要があると思います。

（栗沢広之氏　医療法人財団利定会 大久野病院
リハビリテーション部技術顧問, 作業療法士）

〈2020〉
感覚鈍麻障害者のための匂いチェッカーの提案

ニーズ

匂いの感覚鈍麻は，障害に気づかれにくい特徴ゆえに，周囲に理解が得られにくい課題がある。児童を対象とした愛着を持ちやすい匂いチェッカーが乏しく，そのデザインの見直しが検討される。

調査

先行する匂いチェッカーは大人向きなシンプルさや機能的な面が強調されている。

アイデアと仕組み
● ビジュアル表示によるアクセシブルなデザイン

● 障害のある方もない方も愛着を持ちやすいデザイン

提案システム

キャラクターの表情のみで構成されたフィードバック。数値を用いないことで自身の匂いの有無を直感的に確認することができる。ユーザー側に選べる楽しさやその製品に対する愛着，アイデンティティを持たせられるようなカバーの制作。

悪い	通常時	良い

実装・モックアップ

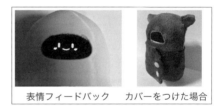

表情フィードバック	カバーをつけた場合

デザインがとてもかわいくて，愛着が持てる，とてもいいなと私も思いました。お子さんの口腔ケア後の匂いをチェックしたりすることが想定されますが，お子さんが使うということなので，対衝撃性とか防水といったところも考慮する必要があると思います。また，人によって口臭の程度は違うと思いますので，基準値を人によって変えられるといいのかなと思いました。

（栗沢広之氏　医療法人財団利定会 大久野病院
リハビリテーション部技術顧問, 作業療法士）

〈2020〉

下半身が不自由な方のための ズボンの提案

ニーズ

頚髄損傷者の中には，上肢機能や下肢機能の低下により通常のズボンを自力ではくことができず，いすに座って更衣をする必要がある方もいる。そのため，頚髄損傷により下半身に不自由のある方が，一人で無理なく着脱できるズボンには，一定の需要がある。

調査

ファスナーで前面を開閉させることができるズボンは，すでに市販されている。しかし，これらは介護をすることを前提とした作りになっている。そこで，試作品として，ズボンを全開にできるよ

うにファスナーの位置や長さを改善し，下肢を通しやすくした。

アイデア

ゴム紐を踏んでテープファスナーを閉じ，紐を引き上げることでファスナーが閉じる。その紐がベルトに転じ，通常のズボンのようにはくことができる。

提案システム

ファスナーを上げやすくするため，膝部分にマグネットホックを仕込むことで，仮止めできるように加工を施した。

実装・モックアップ

作品1

作品2

当社は金属や樹脂を扱っているので，布系は新鮮で，アイデア的にもシンプルで良いと思いました。提案書を読んだ段階ではファスナーがスムーズに動くか気になっていましたが，実際に試作品に触れるとファスナーのスライドは滑らかで，膝の辺りの仮止め用マグネットも効果的と感じました。ファスナーの縫製・アイロンがけなどの具体的な作業過程の紹介があってもよいと思いました。

（田中隆氏　有限会社安久工機代表取締役，
早稲田大学理工学総合研究センター招聘研究員）

視覚障害者のための
音声付きエレベータボタン

ニーズ

視覚障碍者の方がエレベーターを利用する際，ボタンを押しても何階を押したのか認識できない。それゆえ目的の階にすぐ行けないという問題がある。

調査

視覚障碍者の普段の行動やエレベーター利用など様々な行動における疑問をリスト化したものを，国リハの方に送って調査を行った。点字が付随したエレベーターを利用しても，点字が読める人が約1割のみという理由で押し間違えが起きてしまうということがわかった。また，乗車してからドアが閉まるまでの短時間で，正しくボタンを操作することはきわめて難しいことがわかった。

アイデアと仕組み

エレベーターの入口に音声案内付きの階数ボタンを設置する。例えば3階を押すと，『3階が押されました。3階でよろしければ，もう一度ボタンを押してください』という音声案内が流れる。また，入口に設置することにより焦らずに操作できる。

使用プロセス

① ボタンを押す
② 音声案内
③ 合っていれば，もう一度押す
④ 入力完了

障害者といえば点字というイメージをされている方が多いと思いますが，点字を読める人は1割ほどという実態があります。そういう点では，数字を浮きだすような形で，わかるようにしているのは非常に良いと思います。乗ってから選ぶのは時間がかかるから難しいと発表にありました。外から乗る前にボタンを見て選べるというのは，たいへん良いと思います。まだ試作段階で，既存のエレベーターにシステムを組み込むのは，難しいと思いますので，これからできる新しい施設，建物などに導入できればよいと感じました。

（松浦久泰氏　国立障害者リハビリテーションセンター自立支援局理療教育課教官）

〈2020〉

頚髄損傷者のための
シェーバー用自助具の提案

ニーズ

　対象の方は，頚髄損傷により左腕をほぼ動かすことができず，右腕側も大胸筋が弱いため，腕を体の内側に持っていくことが困難である。このような方が電動シェーバーを利用する際，右手で左の頬に刃が沿うように剃ることができるアタッチメントが必要とされる。

調査

　指をほぼ動かすことができないため，普段は万能カフのような自助具を利用し，首を動かすようにしてシェーバーを顎や頬に当てている。また，体を前や横に倒すとバランスを崩しやすいため，シェーバーを利用する体勢は，いすの背もたれに真っ直ぐ背中を付けた姿勢に限られる。

アイデア

　右腕を延長するような形状にすることで，反対側の頬までシェーバーが届くようになる。また，右手首を支える機構で，手首への負担を減らす。

提案システム

　手ではなく腕のほうから延長して支えることで，シェーバーを腕全体で受け止め，反対側の頬まで届かせることができる。

実装・モックアップ

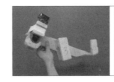

木で丸みのあるデザインや，カフのところに柔らかいものを貼っているなど，体に近づけて使うものなので，安全性や使用感を工夫しているところがとても良かったです。取り付け部分の角度を変えられるともっと良いかなという話をしましたが，実際，形にするためにそういうアイデアはそぎ落としたということでした。そぎ落としたものを明確にしておくと，今後ブラッシュアップしていく方向もわかってくると思います。

（栗沢広之氏　医療法人財団利定会 大久野病院
リハビリテーション部技術顧問，作業療法士）

〈2021〉
**頚髄損傷者向けヘアゴム
装着用自助具『髪パッチン』**

ニーズ

頚髄損傷者にとって，指の細かい動き
や力が必要な，髪を結ぶ動作は困難であ
り，簡単に髪を結べる自助具が必要であ
る。「髪留めシュシュ」を使用している
場合もあるが，問題点があるため改善し
たい。

調査

- 髪留めシュシュ： 簡単で安価に
  作れるが固定が弱く，紐が垂れ下
  がってしまう
- ワンタッチヘアゴム：両端に磁石
  があり髪をつまむように結べる
  が，指先の力が必要

アイデア

結んだ髪を維持するのが苦手な髪留
めシュシュと，髪をまとめるのが苦手な
ワンタッチヘアゴム，それぞれを補い合
うようにする。

提案システム

手先が上手く動かせない頚髄損傷者
に向けて，指先の力や器用さを必要とし
ないワンタッチヘアゴム装着用の自助
具を開発した。

実装・モックアップ

①ヘアゴムは支援者などがあらかじ
めセットしておく→②自助具の先端を
箱に刺す→③自助具の先端とヘアゴム
の磁石がくっつく。

道具を対象者に提供するときに，どのような工夫をしたかを伝えるために，ネーミン
グは重要だと思います。その点で良い名前を付けたと思います。道具を導入するとき
に重要なのは，練習をさせるときにできるだけ失敗をさせないこと。失敗すると嫌に
なってしまうので，失敗させないようにというひとつひとつの配慮や工夫をしている
のがすごくいいなと思いました。課題になっている点も含めて，ひとつひとつ改善し
て，失敗しないで目的の動作がやり遂げられるものになるといいなと思いました。引
き続き検討を継続してもらいたいと思った作品でした。
（梶原幸信氏　公益社団法人地域医療振興協会 伊東市民病院
医療技術部長兼リハビリテーション室長）

（2021）頚髄損傷者向けヘアゴム装着用自助具『髪パッチン』　137

〈2021〉

点字の打ち終わり場所が わかる設置型マーカー

アイデア

対象者の手や指の触覚は問題がないため，触覚を使って打ち終わった場所を認識できる器具を考案した。

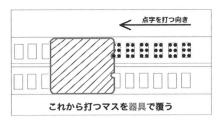

←点字を打つ向き

これから打つマスを器具で覆う

ニーズ

①点字を打つ作業を一時的に中断する際，打ち終わった場所をマーキングしたい。②マークが簡単には外れずに，容易に探索できる工夫が必要。③一人でマークを付けるには，わかりやすく難易度が低いものがよい。

調査

対象者は全盲で，神経障害なども発症しているが，指先などの感覚に問題はない。点字を打つ際も一般的な方法を用いて問題なく打つことが可能。

提案システム

作業を中断する際，点筆を点字器に接触させた状態で左手を使って設置型マーカーをマスにはまるように置く。マーカーの溝に点筆の軸を沿わせると正確に置ける。再開するには，マーカーの溝に点筆を沿わせてから取り外す。

実装・モックアップ

点字盤の上に置くという性質上，少しの衝撃で外れてしまう。下部におもりを付けることで重量を上げ，重心を下げるという改善を行った。

頑張って作ってくれたなと感心しています。正直現段階で完成品だと思います。問題は，これをいくらか値段を決めて売ったら買う人がいるかどうかは微妙です。私も，どこまで書いたかわからなくなることも確かにあるんです。そういうときはこのあたりまで書いたんじゃないかな？　というところに，鉛筆の先っぽを突っ込んで自分で探りながら探します。ただ皆さんが作ってくれたもののほうが，はっきりわかるし，短時間でわかります。刺しっぱなしで場所を離れられるような点筆を作ってくれたら，その点筆は買うかもしれないという思いがしました。

(望月優氏　株式会社アメディア代表取締役)

ニーズ

　視覚障害者にとって，白杖を用いて障害物の存在を感じとることは可能であっても，その物が何であるか認識することは困難である。そこで，人や車など接触すると事故のおそれがあるもの，なるべく白杖で触れることを避けたいものに対応できる道具が必要である。

調査

- Seeing Ai：文字，色，明暗などを音声に変換するアプリ。使用者は立ち止まって使用
- AIスーツケース：視覚障害者向けナビゲーションロボット。2020年

に実証実験が開始されている

アイデア

　①危険因子を認識して音声で伝達できる。②白杖を持つ際も片手がふさがらない。③操作のために立ち止まる必要がない。④最終的には耳をふさがずとも音声を聞くことが可能な状態を目指す。

提案システム

　固定したカメラモジュールで前方の危険因子を読み取り文字化。イヤホンを通して音声で利用者に伝える。

実装・モックアップ

- Raspberry Piの使用：半導体は電気を流すと熱を帯びるため性能低下や故障の危険性がある。空気中に放熱する冷却を目的としたヒートシンクとファン（HSF）を使用することで消費電力を抑え長時間使用の期待ができる
- カメラの装着：購入したバックにはカメラ用の穴をあけ，その裏にカメラを装着した

新しい技術を即使っていただいて，「こういう状況なんだ」と実装してもらわないと現状はなかなかわかりませんので，私自身も勉強になりました。シングルAIとかありますが，それはカメラで撮ってサーバーに送ってそれをもらってきて云々というやり方ですが，今日紹介していただいたのは，Raspberry Pi単体で，低価格なコストでこれだけのことが実現できるということ。これからAI自体も良くなっていくと思いますので，そういうことも見越して，成果をまとめられたらいいかなと思います

（坂尻正次氏　筑波技術大学保健科学部教授）

頚髄損傷者のための
片手で使えるタオル絞り器

ニーズ

細かい手指の操作が不自由な方が洗顔をする際，両手で水をすくうことができないため，水に浸して絞ったタオルで洗顔をしたいというニーズ。タオルを蛇口部分に引っ掛けることで捻ったり，吐水パイプにタオルを引っ掛けて片手で絞る動作が難しい。

調査

調査の結果，対象の当事者の方は右手で簡単に操作可能なタオル絞り器を求めていた。現在はタオルをシンク底に押し潰すようにしているので，うまく絞り切れないことがわかった。

さらに，従来のタオル絞り器は，細かい手指の操作を要したり，器具自体が重くて持ち運びが困難なものが多かった。

アイデア

タオルを筒に入れ，レバーを回してピストンを圧縮することで絞るが，レバーを戻してもピストンは戻らないため，片手で簡単なレバー操作でタオルが絞れる。

提案システム

回転を一方向のみ伝えるラチェット機構とピストンが戻らなくするロック機構を組み合わせることで，常に力を加えずに絞ることができる。

実装・モックアップ

今回の対象者だけではなくて，完成度が上がれば，頚髄損傷の幅広い人に使えるようになってくるのではないかと思いました。あと，工学の人が入ると，こんな複雑な歯車ができてくるんだ，と。現場の作業療法士からすると，本当に驚きです。この機能を利用して片麻痺の方などに有効な瓶の蓋開け自助具などにも応用できると思いました。ラチェット機構付きで，ガチャガチャと瓶を押さえ込んでくれれば，一動作で瓶を固定して，固定された瓶を開ける，などができるなと思って，今すぐにでも現場にほしいと思いました。いろいろなところに応用していっていただけるといいと思いました。

（梶原幸信氏　公益社団法人地域医療振興協会 伊東市民病院
医療技術部長兼リハビリテーション室長）

**視覚障害者のための
料理の温度を伝えるデバイス**

ニーズ

料理の温度を教えてほしい。食器によっては持っても温度がわからないものやどのくらい熱いか口にするまでわからない。湯気などの視覚情報に乏しく，基本的に触って確かめるため，火傷のリスクが高い。

調査

- 視覚障害の方の食事：時計の文字盤の方向に献立の説明を受け，食器に触れながら料理の配置を覚え食事をする
- 温度を伝える食器：視覚的に伝える物はあるが，視覚障害者向けのものはない

アイデア

温度センサーで料理の温度を測り，音声で温度情報を伝える。一定の値を超えた温度を検知した際，警告音を発する。衛生面を考え，温度センサーが料理に触れないようにする。

提案システム

- 台型：台のセンサーで皿の底の温度を測定し，一定の温度に達するとスピーカーからブザーが鳴る

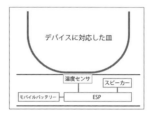

- 蓋型：蓋裏のセンサーで皿の中の温度を測定し，一定の温度に達するとスピーカーからブザーが鳴る。温度測定の精度が高い

実装・モックアップ

普段の食事の利便性から台型を最終成果物として提案。

火傷に注意をなさっていただこうという発想は，すごく大事だと思いました。そのときに温度のしきい値の部分を，どこで設定されているのか。先ほど熱いところは60℃の設定とおっしゃっていたので，火傷を予防するという意味ではちょっとしきい値が高いので，ここの部分をもう少し下げてはどうでしょうか。40℃を超えると火傷のリスクが高まるので，そのあたりのしきい値の設定を検討いただくといいのかなということと，あとは置き型だったので，シート状にしていただけると，視覚障害の方が食器を動かしたりするときにとてもいいかなと考えました。

（塩澤伸一郎氏　株式会社RMI代表取締役）

〈2022〉

視覚障害者が食べ残しに 気づくための配膳セット

ニーズ

　視覚障害によって"食べ残しの有無"を判別しにくいことがある。周囲の人に知られずに食べ残しを通知でき，視覚障害があっても食べ残しにくい色や形状の工夫が必要。

調査

　食べ残しを通知できる食器は現状ないので，重さで在庫を管理する機能などを参考に，重量差により食べ残しの通知をする。食器の色は明度差や色相の調整により見分けやすくなる

アイデア

　コースターに重さを感知するセンサーを搭載して，赤外線通信することで腕時計型のデバイスが振動し，食べ残しの有無を知らせる。食べ物がすくいやすい形状の食器にすることで食べ残しをなくす。

提案システム

　食べ残しをまわりに知られず伝えるため，コースター型検出装置と時計型振動通知デバイスを作製し，これらを無線でつないだ。

実装・モックアップ

① コースターの上に空の食器を置き，側面の初期値記録ボタンを押す
② 食器にご飯などをよそい，食事開始
③ 食べ残しを確認したい際にサイドの確認ボタンを押す。食べ残しがある場合は赤のLEDと2回の振動。完食している場合は緑のLEDと1回の振動

視覚に障害がある方のなかには，目前にあるものを全部食べたかわからないというのも，少なからず聞くお話しです。時計の文字盤にならって，周囲から教えてもらうと聞きます。私の知っている方は，バイキング形式の場合は，実際には取ってきてもらうこと自体も多く，残してしまうのが，取ってきてくれた人にも悪いというのを聞きます。センサーの管理で風袋を換算されて，上に載せるコースターから差し引きし，電子的には素晴らしいと思います。構造では別のセンサーを考えると，今の全重量から，配置場所までわかるような設計にまで，さらに進めてもらうと，面白いと思います。

（河合俊宏氏　一般社団法人日本リハビリテーション工学協会会長）

<2022>

視覚障害者向け
白杖装着用電子コンパス

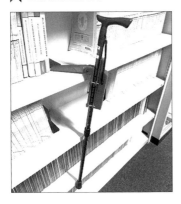

ニーズ

視覚障害者にとって，外出時に自分の方向がわからなくなると目的地への到着が非常に困難になる。「電子コンパスアプリ」を使用している人もいるが，両手がふさがってしまうため，これよりもさらに手軽に方角を調べるデバイスを開発したい。

調査

「電子コンパスアプリ」で振動や読み上げ機能を用いて方角を知ることができる。「白杖型電子コンパス」はアイデアの段階ではあるが，白杖と一体型の物が検討されている。

アイデア

杖とデバイスで両手をふさぐことなく，騒音が大きい場所でも使えるように振動でも方角が知れるようにし，方角を探知している間，周囲の人に当たらないようにLEDで警告する。

提案システム

この支援機器を，白杖を挟むようにして取り付ける。左右に分かれた二つの部品の片方にはコンピュータや電池などが入っており，もう片方は白状を机に立てかけて置ける仕様になっている。

実装・モックアップ

①手元のスイッチを押すと電源が入り，LEDランプが光る。②杖を回し，北を向くと音が鳴り，バイブレーションが作動。立てかけ部を開くと，机や本棚などに立てかけておくことが可能。

外出する際に，いろいろな歩行訓練というものを視覚障害者はするので，私も白杖を使った歩行訓練を今の大学でも個人的にやっています。そのなかで，現在地の情報を取るときに，三つの確証を取りなさいと言われています。方角の情報が入ると，三つのうちの一つの確証になるので，楽しく歩けるものになるということで使えるということですね。ですからこれも現実に使えるものにすぐなりそうな感じがしますから，ぜひ，この視覚障害に関する，この今日の発表，アイデアのなかで出てきたものを何か現実のものとして使えるようになっていってほしいなと思います。

（佐々木健氏　筑波技術大学保健科学部保健学科准教授）

〈2022〉
自分にだけ知らせてくれる体重計

ニーズ

視覚障害があるため音声体重計を使用しているが，音量が大きく，周囲にいる人に聞かれてしまう可能性がある。体重などを自分だけに知らせてほしい。できれば音声を使って知らせてほしい。スマートフォンと連動させてほしい。

調査

- ●「多機能音声体重計」→いくつかの段階に分かれた音量調節ができ，イヤホンジャックが装備されている
- ●「スマートバスマット」→体重を表示せず，スマートフォンのアプリで自動的に記録するタイプ
- ●「超指向性スピーカー」→ピンポイントに音を届けることができ，目の前に立つ人にだけ音が聞こえる

アイデア

体重を読み取りスマートフォンで音声を再生できるシステム。使いやすくするための工夫として，取り付け型カメラでのデータ読み取り，LINEやメールを使った情報伝達，個人を識別して体重の記録を送信。

提案システム

① 体重計のディスプレイ上にカメラを取り付け，数字を読み取る
② LINEで音声ファイルを送信する
③ 読み上げ機能で再生する

実装・モックアップ

① 体重計のディスプレイ上にカメラを取り付け，数字を読み取る
② スマートフォンに体重情報を送信
③ スマートフォンの読み上げ機能で体重をお知らせする

体重計の問題は昔から聞いていまして，体重を読み上げられるのはいやだと。イヤホンすればいいでしょう，というんですけど，その状況とは関係なく音声で語られてしまうこともあります。医療器具で血圧計にしろ，体温計にしろ，デジタル表示ですが，やはり個人情報なので自分だけで知りたい。医療個人情報だけではなくて，スーパーでの買い物も，最近ではデジタルで表記されているのがあって，そういったものも読んでくれるといいなと思います。非常に汎用性，拡張性があるなと思っており，すぐにでも使えるという感じが大変しております。

（佐々木健氏　筑波技術大学保健科学部保健学科准教授）

電動マジックハンド

ニーズ

床に落ちたものを楽に拾いたい。対象者は筋ジストロフィーのため大型電動車いすを使用。体幹機能障害により前屈で落車の危険あり。握力の低下および肘と肩の可動域制限がある。

調査

一般的なマジックハンドは，握力が低下している患者にとっては使用が難しい。ゲルを使用した粘着式の商品もあるが，物体の形状によっては拾いにくいものもある。

アイデア

握力低下や，肘と肩の可動域制限に

より片手でのマジックハンド利用は難しい。両手でスイッチを操作することにより自動でマジックハンドの開閉やアームの伸び縮みが可能な機器を提案する。

提案システム

①ボールねじによりアーム部分を伸ばし，物の位置までハンド部分を移動する。②リンク機構によりハンド部分を開き，落下物を掴む。③アーム部分を縮め，手元の位置までハンド部分を移動する。

実装・モックアップ

複数のアタッチメントを作成し，多様なものを拾えるようにする。

①ハンドを作成し，カンやペットボトルなどを拾う。②先端部に粘着テープを使用し，小銭やティッシュなどのゴミを拾う。③側面部にフックを作成し，衣類などを拾う。

ロボットの先端であるエフェクタですが，これまでにある，粘着，フックを応用して実際に実現していて，素晴らしいと思います。気にかけるなら，モーターをどうにかしたいという発想ですね。新しいものができたら実現するではなく，具体的にどう実現するかということを考えていくと，今後につながるのではないかと思います。その点では，コントローラーのところにグースネックというか，フレキシブルアームを付けて分離したというのは，すごく画期的だと思います。

(河合俊宏氏　一般社団法人日本リハビリテーション工学協会会長)

〈2022〉
肢体不自由者向けの バッテリー交換補助装置

ニーズ

肢体不自由の方（今回は脊髄梗塞C1〜C7）はヘルパーのいない時間に一人で外出することを希望している。電動車いすから自分でバッテリーを交換することが必要だが、手指の力・握る力が弱くバッテリーを取り出すことが困難となっている。

調査

今回使用した車いすのニッケルバッテリーの重さは約3kg。バッテリー交換の際は車いすの背面にあるバッテリーのボタンを押し続けながら引き抜く。

アイデア

ボタンを押し続けることが難しいため、「押す」と「持ち上げる」という二つの動作に分ける。バッテリーを手元に持ってくることはできると仮定し、自分で運べる持ち手の形に改良する。

提案システム

ノックカム機構を使用し、ボタンを押し続けられるようにした。持ち手の部分を拡大、滑りにくい素材でバッテリーを運びやすくした。

実装・モックアップ

①自助具を手に取り付ける。②バッテリーの持ち手に自助具を通す。③バッテリーを持ち上げる

● 持ち上げるための自助具→指先部分の動きのゆとりを持たせるために空間を作った。磁石を自助具とバッテリーの持ち手の接する部分に取り付け、引っかける触覚を補う
● ボタンを押し続ける仕組み→バッテリーには、ベルトで固定する。また、突起盤の位置を上下に調節できる

簡易型電動車いすのバッテリー交換は、非常に良い着目点だと思います。いろんな困難のなかで、物事を分けて考えることは重要です。バッテリー自身の機構を解消するということと、自分の手指に付けるという、その切り分けは、素晴らしいと思います。組み合わせて実現するというのは、非常に大事な考え方です。今後も、よく分析して、いろいろなことを進めていっていただければと思います。

（河合俊宏氏　一般社団法人日本リハビリテーション工学協会会長）

〈2022〉
**頚髄損傷者向け
ヘアゴム装着用自助具**

ニーズ

頚髄損傷者は指の細かい動きが困難，握力が弱い，バランスを崩しやすいなどの困難を抱えている。そのような頚髄損傷者にとって髪を結ぶ動作は困難であり，簡単に髪を結べる自助具が必要である。そのような製品も存在するが，問題点もあるため，これを解決する自助具を考える。

調査

- 髪留めシュシュ：縛ったときに紐が垂れ，見た目が良くない
- その他の自助具の問題点：上肢を高く上げて結ぶものが多くバランスを崩しやすい。サイズが大きく持ち運びに向かない。掌握による操作が多い

アイデア

ヘアゴムをスプリングと磁石で製作し，留めやすくかつ外れにくくする。自助具をマジックテープで手に固定し，握力が弱くても操作できるよう工夫する。上肢を高く上げる必要のないよう，手持ち部分を下から持ち上げられる仕組みにする。

提案システム

ヘアゴムは両端が磁石でくっつく仕組みである。また，ヘアゴムと自助具が磁石でつながっており，引っ張ることでヘアゴムが独立する。

実装・モックアップ

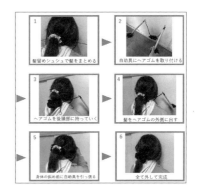

頚髄損傷の方は，昔から髪を長くすることが，他者からの介助で嫌がられたり，自分のしたいおしゃれができない方が多いです。今回のシンプルな形状で解決するのは素晴らしいと思います。個別に，この方であれば使えるような，そういう設計指針ができるまで，皆さんでいろいろアイデアを出し合って，入手の点では100円均一のお店などで売ってくれるぐらいにしていただけると，ありがたいです。ぜひこのニーズ＆アイデアフォーラムで継続してやっていただきたいテーマですので，よろしくお願いします。

（河合俊宏氏　一般社団法人日本リハビリテーション工学協会会長）

あとがき

　最後までお読みいただきありがとうございました。

　ニーズ＆アイデアフォーラム（NIF）は，国立障害者リハビリテーションセンターが中心となり，横浜市総合リハビリテーションセンターと4つの学校で第1回（2014年度）を開催し，第10回（2023年度）には13の大学・キャンパスから学生が集まりました。NIFプロジェクトは，毎回工夫し，コロナ禍（第7回）に入ってからはオンラインを活用するなどして継続してきました。

　なぜ，ここまで継続できたかは，先生方の熱意と参加された学生の成長のエネルギー，および多くの方々のご協力の賜物と思われます。学生の観点からは，異なる専門の連携による面白さと難しさ，自ら発見し学ぶことの楽しさ，新しいことを考える苦しさと楽しさを体験し，教員の観点からは，学生が支援機器のものづくりを通じて柔軟に様々なことを吸収する姿に頼もしさを覚えたのではないかと思います。

　NIFプロジェクトでは【作品】より，普段会う機会の少ない専門の異なる学生らが協働してニーズからアイデアを形にする【プロセス】のほうを重視しています。

　作品は，専門家やビジネスの観点から至らない点は多々あるかもしれません。全盲で視覚障害の支援機器のビジネスをされている当事者は，最終作品はよく考えられているが，商品として考えた場合，その途中で捨てた作品の方が売れるとコメントされました。

　一方，あるベテランは，学生のアイデアはとても新鮮で，この手があったかと驚いたとコメントをされました。学生は経験値こそ少ないですが，当事者のことを想い，課題を一所懸命考え，また，それぞれの知見を生かしたことによってできたアイデアだと思います。

　NIFプロジェクトは，学生に限らず，フォーラムに参加された方々が，さらなる福祉国家の礎を築く人材育成の一端につながることを期待して始められた人材育成プロジェクトです。

NIFの支援をしてくださった公益財団法人カシオ科学振興財団，および出版の機会を与えてくださった東京電機大学出版局の吉田拓歩氏に深く感謝します。

小野栄一

参考文献

第1章

[1] ニーズ＆アイデアフォーラムプロジェクトチーム『(第1回) ニーズ＆アイデアフォーラム (成果集)』2015年3月

[2] Needs & Idea Forum「頚髄損傷者のための長座位車椅子 – 高床式トイレがなくても旅行に行ける -」http://n-i-f.jp/works2014/1 (2024年11月29日参照)

[3] 「Needs & Idea Forum」http://n-i-f.jp/ (2024年11月29日参照)

第2章

[1] 「OX」https://www.oxgroup.co.jp/company/index.html (2024年11月29日参照)

[2] 「ロボコンの父・　森政弘のことば」http://www.official-robocon.com/blog/707 (2024年11月29日参照)

[3] 「ロボコン」https://official-robocon.com/ (2024年11月29日参照)

[4] 厚生労働省「平成21年度障害者自立支援機器等研究開発プロジェクト成果報告目次」https://www.mhlw.go.jp/bunya/shougaihoken/cyousajigyou/jiritsushien_project/seika/seika_mokuji.htm (2024年11月29日参照)

[5] 厚生労働省「平成22年度障害者自立支援機器等開発促進事業成果報告」https://www.mhlw.go.jp/bunya/shougaihoken/cyousajigyou/jiritsushienkiki/H22/H22_seika_top.htm (2024年11月29日参照)

[6] ニーズ＆アイデアフォーラムプロジェクト『「ニーズ＆アイデアフォーラム (NIF)」報告書 (2020年度)』, 2021年3月

第3章

[1] 江藤文夫, 里宇明元監修『最新リハビリテーション医学 第3版』医歯薬出版, 2016, pp.26-30

[2] The Centre for the Advancement of Interprofessional Education「About CAIPE」https://www.caipe.org/about (2023年12月1日参照)

[3] 西城卓也, 伴信太郎「医学と医療の最前線　内科指導医に役立つ教育理論」『日本内科学会雑誌』100 (7), 2011, pp.1987-1993

[4] P. Ralph and Y. Wand, "A Proposal for a Formal Definition of the Design Concept", In K. Lyytinen, P. Loucopoulos, J. Mylopoulos and B. Robinson Eds., Design Requirements Engineering: A Ten-Year Perspective, 14, Springer, 2009, pp. 103–136

[5] Peter G. Rowe, Design Thinking, The MIT Press, 1987（［邦訳］奥山健二訳『デザインの思考過程』鹿島出版会，1990）

[6] （公財）共用品推進機構, https://www.kyoyohin.org/ja/kyoyohin/（2023年12月 1日参照）

[7] ISO/IEC Guide 71:2014. Guide for addressing accessibility in standards.

[8] 土井幸輝「アクセシブルデザインと高齢者・障害者配慮設計に関する標準化の動向」『感性工学』12（1），2013，pp.306-308

[9] ジュリアン・カセム, 平井康之, 塩瀬隆之, 森下静香編『インクルーシブデザイン——社会の課題を解決する参加型デザイン』学芸出版社，2014

[10] 佐川賢, 倉片憲治, 伊藤納奈『アクセシブルデザイン』エヌ・ティーエス，2019

[11] 韓旭, 串山久美子「カラーセンサを利用した車いすデバイスの開発と音楽ゲームへの検討」『日本バーチャルリアリティ学会論文誌』24（3），2019，pp.263-270

[12] WHEE-Project, 東京都立大学ローカル5G傾斜研究「ARゲームで楽しく単独移動を支援するAI車椅子システムの社会実装」https://whee-project.org/（2023年12月1日参照）

[13] 砂原茂一『リハビリテーション』岩波新書，1980

[14] 能登真一編『作業療法学概論 第4版』医学書院，2021

[15] 上好昭孝, 田島文博編著『リハビリテーション概論』永井書店，2014

[16] 厚生労働省『厚生白書（昭和56年版）』https://www.mhlw.go.jp/toukei_hakusho/hakusho/kousei/1981/（2023年12月7日参照）

[17] WHO, "Rehabilitation Key facts", https://www.who.int/news-room/fact-sheets/detail/rehabilitation（2023年12月7日参照, 伊藤訳）

[18] 世界保健機構（WHO）『国際生活機能分類 – 国際障害分類改訂版』中央法規，2002

[19] 内閣府「平成26年版障害者白書」https://www8.cao.go.jp/shougai/whitepaper/h26hakusho/zenbun/h1_01_03_02.html（2023年12月7日参照）

[20] 内閣府「リーフレット「令和6年4月1日から合理的配慮の提供が義務化されました」」https://www8.cao.go.jp/shougai/suishin/pdf/gouriteki_hairyo2/print.pdf（2023年12月8日参照）

[21] 文部科学省「特別支援教育の在り方に関する特別委員会 合理的配慮等環境整備検討ワーキンググループ（第1回）配付資料 –（別紙2）「合理的配慮」の例」https://www.mext.go.jp/b_menu/shingi/chukyo/chukyo3/046/siryo/attach/1308226.htm（2023年12月8日参照）

[22] 文部科学省, 中央教育審議会初等中等教育分科会「共生社会の形成に向けたインクルーシブ教育システム構築のための特別支援教育の推進（報告）」2012, https://www.mext.go.jp/b_menu/shingi/chukyo/chukyo3/044/houkoku/1321667.htm（2025年1月1日参照）

[23] 文部科学省「障害のある子供の教育支援の手引〜子供たち一人一人の教育的ニーズを踏まえた学びの充実に向けて〜」2021, https://www.mext.go.jp/a_menu/

shotou/tokubetu/material/1340250_00001.htm（2025年1月1日参照）

[24] 石川衣紀, 田部絢子, 石井智也, 内藤千尋, 池田敦子, 柴田真緒, 能田昴, 髙橋智「特別支援教育におけるICT利活用に関する動向と課題 ― 視覚障害・聴覚障害教育を中心に ―」『長崎大学教育学部教育実践研究紀要』21, 2022, pp.125-134

[25] 日本視覚障害者団体連合「視覚障害教育のあり方に関する実態調査 ― 報告書 ―」2020

[26] 文部科学省「特別支援学校学習指導要領解説各教科編（小学部・中学部）」2018

[27] 浅川智恵子「アクセシビリティ向上のための情報技術とユニバーサルデザイン」『情報の科学と技術』62（5）, 2012, pp.192-197

[28] 日本科学未来館「未来館アクセシビリティラボ」https://www.miraikan.jst.go.jp/research/AccessibilityLab/（2024年12月13日参照）

[29] 中園薫, 織田修平「聴覚障害者支援技術研究のレビューと将来への展望」『電子情報通信学会技術研究報告. WIT, 福祉情報工学』109（35）, 2010, pp.65-72

[30] 国立特別支援教育総合研究所「障害のある児童生徒のためのICT活用に関する総合的な研究 ― 学習上の支援機器等教材の活用事例の収集と整理 ―（平成26年度〜平成27年度）研究成果報告書」2016, https://www.nise.go.jp/cms/7,12446,32,142.html（2025年1月1日参照）

[31] 中邑賢龍「ICTを活用した知的障害のエンハンスメントの可能性」『発達障害研究』37（3）, 2015, pp.226-232

[32] 中邑賢龍「知的障害のある人の支援の未来 ― ICT技術の進化や情報インフラの整備等が知的障害のある人の支援に及ぼす可能性 ―」『知的障害福祉研究さぽーと』66（2）, 2019, pp.10-12

[33] 学習障害及びこれに類似する学習上の困難を有する児童生徒の指導方法に関する調査研究協力者会議「学習障害児に対する指導について（報告）」1999

[34] 兵庫教育大学『発達障害のある子供たちのためのICT活用ハンドブック ― 特別支援学級編 ‐』2014

[35] 髙橋智, 増渕美穂「アスペルガー症候群・高機能自閉症における「感覚過敏・鈍麻」の実態と支援に関する研究 ― 本人へのニーズ調査から ―」『東京学芸大学紀要総合教育科学系』59, 2008, pp.287-310

[36] 熊谷恵子『アーレンシンドローム ―― 光に鋭敏なために生きづらい子どもたち』幻冬舎, 2018

[37] 「聞き取り困難症・聴覚情報処理障害（LiD/APD）」https://apd.amed365.jp/party/（2025年1月1日参照）

[38] NHK「"クワイエットアワー"少しずつ広がる取り組み」2023年1月2日。

[39] 日本スヌーズレン協会「Snoezelenとは」https://www.snoezelen.jp/snoezelen（2024年11月27日参照）

[40] 髙橋智, 田部絢子, 石川衣紀, 内藤千尋「肢体不自由・知的障害等の重度重複障害当事者と感覚を通した発達支援 ― デンマークの国際スヌーズレン協会への訪問調査から」『日本大学文理学部人文科学研究所紀要』103, 2022, pp.121-133

[41] 文部科学省「教育の情報化に関する手引」2019, https://www.mext.go.jp/a_menu/shotou/zyouhou/detail/mext_00724.html（2025年1月1日参照）

[42] 石川衣紀, 田部絢子, 石井智也, 内藤千尋, 池田敦子, 柴田真緒, 能田昂, 髙橋智「特別支援教育におけるICT利活用に関する動向と課題 ― 知的障害・発達障害・肢体不自由教育を中心に ―」『長崎大学教育学部教育実践研究紀要』21, 2022, pp.135-147

[43] 塩塚敬介, 本吉大介「重度肢体不自由教育における視線入力装置活用の現状と課題」『教育情報研究』35(2), 2020, pp.3-14

[44] 秋田県立秋田きらり支援学校「「学習上の支援機器等教材活用評価研究事業に関する中間報告会」が開催されました」http://www.kagayaki.akita-pref.ed.jp/kirari/topics/detail.html?id=1613（2025年1月1日参照）

[45] 岡山ロボケアセンター「キッズ運動プログラム」https://oka-robocare.co.jp/children（2025年1月1日参照）

[46] 髙橋智, 田部絢子, 石井智也, 内藤千尋, 能田昂, 石川衣紀, 池田敦子, 柴田真緒「特別支援教育におけるICT利活用に関する動向と課題 ― 病弱教育を中心に ―」『日本大学文理学部人文科学研究所紀要』104, 2022, pp.289-302

[47] 五島脩「病弱教育におけるICT活用を阻害する要因」『日本教育工学会論文誌』44(4), 2021, pp.575-582

[48] オリィ研究所「OriHime」https://orylab.com/product/orihime/（2025年1月1日参照）

[49] 今川由紀子「分身ロボット「OriHime」の活動と子どもへの効果」『小児看護』44(9), 2021, pp.1130-1136

[50] 朝日新聞デジタル「闘病中の小1女児, 教室に分身ロボット みんなと遊べた」2018年11月13日, https://www.asahi.com/articles/ASLC37KZ1LC3UTIL01H.html（2025年1月1日参照）

[51] 岡野由美子「特別支援教育におけるICT活用に関する一考察 ― 障害のある児童生徒の支援ツールとしてのICT ―」『人間教育』2(5), 2019, pp.135-143

索引

執筆者一覧

【編著者】

井上淳	東京電機大学 工学部 機械工学科 [第1章, 第2章, 第5章]
小野栄一	国立障害者リハビリテーションセンター 研究所 [第1章, 第2章, 第5章]

【著者】

青野雅人	横浜市総合リハビリテーションセンター 研究開発課 [第6章]
伊藤祐子	東京都立大学 健康福祉学部 作業療法学科 [第3章, 第5章]
井上薫	東京都立大学 健康福祉学部 作業療法学科 [第3章, 第5章]
大森ゆき	国立障害者リハビリテーションセンター 研究所 [第5章]
串山久美子	東京都立大学 システムデザイン学部 インダストリアルアート学科 [第3章]
琴坂信哉	埼玉大学 大学院 理工学研究科 人間支援生産科学部門 [第3章]
菅ケ谷信子	国立障害者リハビリテーションセンター 研究所 [第5章]
高橋智	日本大学 文理学部 教育学科 [第3章]
田部絢子	金沢大学 人間社会研究域 学校教育系 [第3章]
寺内文雄	千葉大学 デザイン・リサーチ・インスティテュート [第5章, 第6章]
徳永千尋	日本医療科学大学 保健医療学部 リハビリテーション学科 [第4章]
内藤千尋	山梨大学 総合研究部 教育学域 [第6章]
能田昴	秋田大学 教育文化学部 学校教育課程 [第6章]
東祐二	国立障害者リハビリテーションセンター 研究所 [第2章]
眞野明日香	国立障害者リハビリテーションセンター 研究所 [第5章]

（五十音順）

公益財団法人カシオ科学振興財団 研究協賛事業（協 12-11）

社会に役立つプロジェクト型学習　多分野学生による福祉機器製作

2025 年 3 月 25 日　第 1 版 1 刷発行　　　ISBN 978-4-501-63560-2 C3037

編著者　井上淳・小野栄一
著　者　青野雅人・伊藤祐子・井上薫・大森ゆき・串山久美子・
　　　　琴坂信哉・菅ケ谷信子・高橋智・田部絢子・寺内文雄・
　　　　徳永千尋・内藤千尋・能田昴・東祐二・眞野明日香
　　　　© Inoue Jun, Ono Eiichi, Aono Masato, Ito Yuko, Inoue Kaoru,
　　　　Omori Yuki, Kushiyama Kumiko, Kotosaka Shinya,
　　　　Sugegaya Nobuko, Takahashi Satoru, Tabe Ayako,
　　　　Terauchi Fumio, Tokunaga Chihiro, Naito Chihiro, Noda Subaru,
　　　　Higashi Yuji, Mano Asuka 2025

発行所　学校法人 東京電機大学　〒120-8551　東京都足立区千住旭町 5 番
　　　　東京電機大学出版局　Tel. 03-5284-5386（営業）03-5284-5385（編集）
　　　　　　　　　　　　　　　Fax. 03-5284-5387 振替口座 00160-5-71715
　　　　　　　　　　　　　　　https://www.tdupress.jp/

編集協力・組版：(株)トップスタジオ　　印刷・製本：三美印刷(株)
装丁：トップスタジオ デザイン室（阿保裕美）
カバーイラストレーション：笠原加奈子
落丁・乱丁本はお取り替えいたします。　　　　　　　　　Printed in Japan